花《か》山《さの》院《いん》隊「偽官軍」事件

戊辰戦争下の封印された真相

Nagano Hironori
長野浩典

弦書房

装丁＝毛利一枝

〈カバー表・写真〉
花山院《かさのいん》隊事件の舞台になった、門だけがのこる
四日市陣屋跡（大分県宇佐市）
〈カバー裏・写真〉
御許山《おもとさん》山上にある大元神社（大分県宇佐市）

目次

第五章　天草富岡陣屋襲撃事件——幕府領　天草・長崎……115

第六章　香春《かわら》鍋屋騒動——田川郡香春……149

終章　花山院隊事件とは何か……223

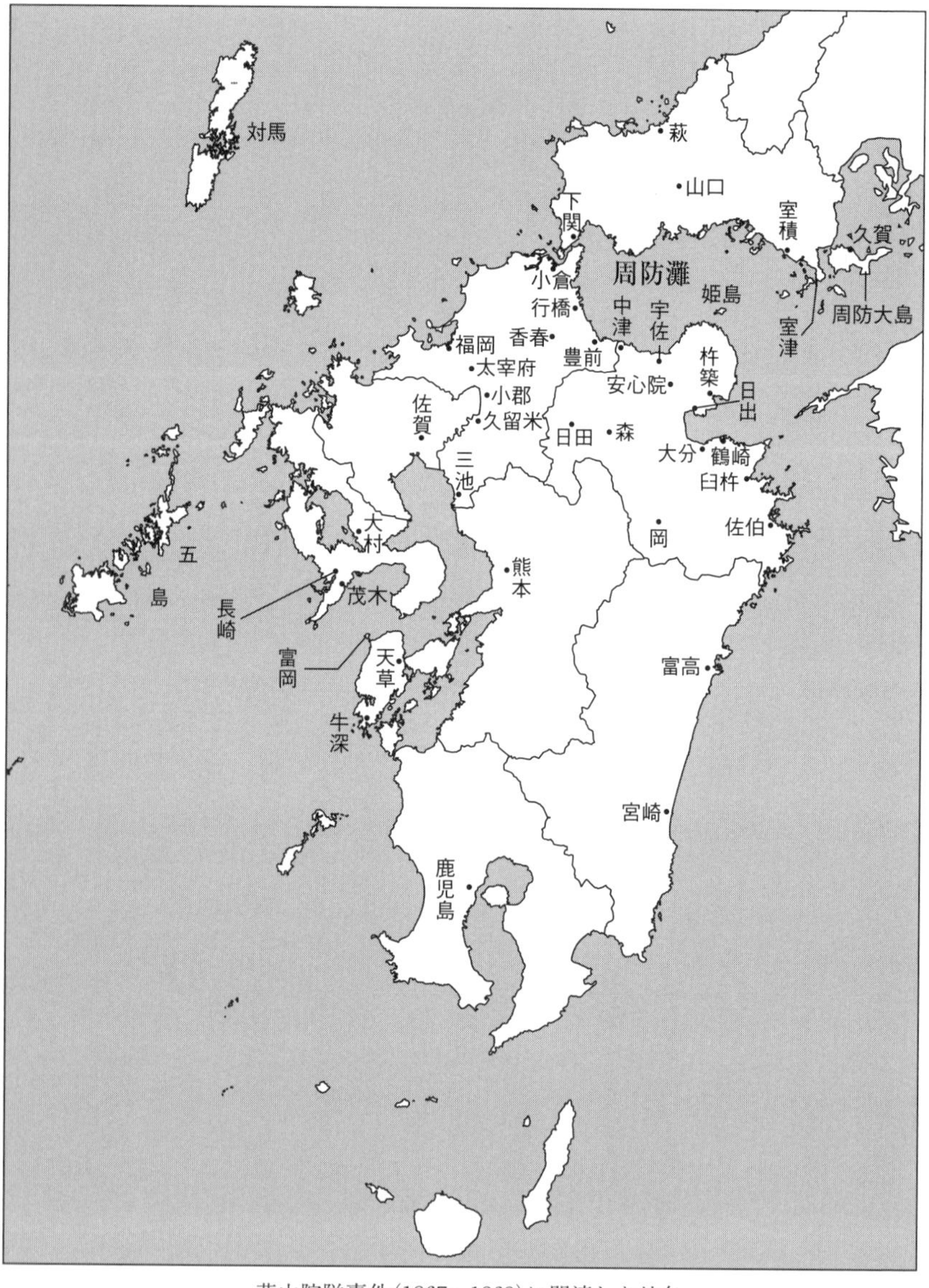

花山院隊事件(1867〜1868)に関連した地名

まえがき——花山院隊事件の概要

花山院《かさのいん》隊事件という「偽官軍《にせかんぐん》」事件があった。とはいえ、おそらく一般にはほとんど知られていない。あの相楽総三《さがらそうぞう》の赤報隊「偽官軍」事件ならば、高校の教科書でも扱われているから、ご存じの方も多いかも知れない。

「御許山《おもとさん》騒動」とは、慶応四年（一八六八）正月一四日、花山院家理《いえさと》という公卿を奉じた「花山院隊」が、錦の御旗（官軍の証）をたてて豊前宇佐郡（現大分県宇佐市）の御許山で勤王の兵を挙げた事件である。当時、宇佐八幡宮のある豊前宇佐郡周辺は幕府領で、八幡宮の鳥居前には四日市（現宇佐市四日市）という小さな市街地（鳥居前町）があった。この四日市に幕府の陣屋があったが、これを花山院隊およそ六〇名が襲撃し、錦の御旗を立てて御許山に登りここを占拠した。花山院隊は周辺の諸藩に対し、勤王に与《くみ》するよう訴え、うまくいけば日田（九州の幕府領の管轄を行う西国筋郡代がおかれていた）を占拠し、九州の幕府領を制圧する計画であった。しかし二三日になって、長州藩兵によって「偽官軍」として鎮圧され、騒動は一〇日ほどでおわった。この事件の最中に戊辰戦争が進行し、この年の九月には慶応が明治と改元される。この御許山騒動をはじめとする、花山院隊の関わる一連の事件を「花山院隊事件」という。

花山院隊による一連の事件は、大分県の宇佐をはじめ、熊本県の天草、福岡県の香春《かわら》、山口県の下関や周防大島など、地理的にかなり広範囲に及ぶ。従ってこの事件に関与する諸藩は、中津藩や杵築藩・日出藩（大分県域）、肥後藩、それに久留米藩や小倉（香春）藩（福岡県域）、さらには薩摩藩（鹿児島県）や長州藩（山口県）と、これまた多数に及ぶ。それぞれの事件は、参加人数もそれほど多くなく小規模なものである。しかし、事件の与えた影響はかなり大きい。そしてそれは、地理的な広がりばかりでなく、九州諸藩の新政府への対応にも少なからず政治的な影響をおよぼした。

そして何より、あの相楽総三の赤報隊「偽官軍」事件のひと月半前におこった、はじめての「偽官軍」事件だったのである。花山院隊を構成する人びとは、大分県をはじめとする北九州の尊王攘夷派の志士たちで、いわゆる草莽《そうもう》とよばれる人びとである。そしてその挙兵前の拠点は、長府藩（長州藩の支藩）の下関にあった報国隊であった。その報国隊が、奇兵隊とともに花山院隊を鎮圧するのである。花山院隊が御許山で鎮圧されたあと、首謀者三名の首は四日市の高札場に梟首されるが、そこには「強盗の所業」と罪状を張り紙された。なぜ勤王の志士たちは、「強盗」呼ばわりされ、「偽官軍」として葬り去られねばならなかったのか。

草莽隊としての花山院隊

御許山騒動をおこした花山院隊とは、どのような人々によって構成されていたのであろうか。その中核は、二豊（豊前国と豊後国を合わせていう）を中心とする北部九州の尊王攘夷派の志士、いわゆる草莽《そうもう》である。「草莽」の定義は難しいが、尊王攘夷を共通の価値または目標とする、地主や庄屋などの上層農民、都市や在郷の商人、神主や国学者、儒学者、脱藩浪士、さらには農民などからなる。花山院隊の主要メンバーをみれば、佐田秀《ひずる》や下村御鍬《みくわ》など地元安心院《あじむ》（現宇佐市）の在村知識人（儒学や国学を学ぶ）であった。佐田は庄屋の家に生まれた地域の名士であり、彼の村からは多くの人々が御許山の挙兵に加わっている。主要人物のひとり矢田宏は別府の医師の家に生まれ、日田の咸宜園で学んだ若者だった。福岡藩脱藩士の桑原範蔵《くわばらはんぞう》は、早い段階から豊前の尊王攘夷運動に加わっていた。さらに長州藩士の若月隼人《わかづきはやと》（平野四郎）は長府藩の報国隊士であり、門人を連れて挙兵に加わった。そのほかに、筑前脱藩士の藤林六郎、秋田藩脱藩士の小川潜蔵ら諸藩の浪士もいた。挙兵の準備段階では、さらに多くの豊前・豊後の草莽たちが加わっていた。

そして花山院隊の主要メンバーの多くが、長府藩の報国隊士または寄食（準構成員）であった。これはメンバーの多くが、尊王攘夷運動の途上、二豊を追われて長州藩や長府藩へ逃れたからである。豊前と長門は、海（周防灘）を隔ててはいるが地理的には近接している。従って花山院隊の核は豊前で生まれたが、主要メンバーは下関で交わり、「隊」（組織）は下関で形成されたといえる。当時の下関は、全国の尊攘派の浪士や草莽が集まり、また行き交う港町であった。

挙兵までの道のり

九州の幕府領の中心地、西国筋郡代《さいごくすじぐんだい》が置かれた豊後日田（現大分県日田市）に勤王の兵を挙げ、九州諸藩を勤王に転回させる。このような挙兵計画が二豊の地にもたらされたのは、文久三年（一八六三）のことであった。急進的な勤王派の公卿、中山忠光（中山忠能《ただやす》の七男）の内命を受けた下毛郡《しもげ》落合村（現中津市本耶馬渓町）の神官高橋清臣《きよおみ》が、京都から二豊に計画を持ち帰った。目標を得て、志士たちの活動は活発化する。いっぽう、九州の幕府領を預かる日田の西国筋郡代（日田代官ともいう）窪田治部右衛門《くぼたじぶうえもん》の尊攘派志士たちへの追及も、しだいに厳しくなった。幕吏の追及をのがれた二豊の志士たちは、長州（長州藩や長府藩の諸隊）へのがれ、主に下関で日田挙兵の計画がすすめられていく。長州では、同じくこの地に身を寄せていた各地の浪士たちと、二豊の志士たちが結びついていく。そして、慶応二年（一八六六）の第二次長州征討の頃から、運動は具体化かつ活発化する。

慶応三年一二月六日、日田代官の管下にあった幕府領肥後天草の富岡陣屋（現苓北町）を矢田宏ら約二〇名の花山院隊が襲い、八〇〇〇両余りの金を奪うという事件が起こった（第一次富岡陣屋襲撃事件）。一連の花山院隊事件のはじまりである。花山院隊は、奪った金の半分を長崎での兵器購入にあて、半分をその後の挙兵の軍資金とした。盟主にあおぐ花山院家理も、同月初め周防国久賀《くか》村（現山口県大島郡）に下向した。下関（馬関ともいう）に結集していた花山院隊は、慶応四年正月七日、鳥羽・伏見の戦いの勝報を契機に動き出す。矢田宏、島田虎雄（島田唯作、中津藩浪士）、山口兵部《ひょうぶ》（加藤龍吉、杵築藩脱藩士）らは、花山院を迎えるため周防大島へ出発した。いっぽう、王政復古のクーデター後、志士たちの暴走をおそれる長州藩は、一月一三日、総裁格の藤林六郎と小川潜蔵を下関で捕らえた。佐田ら残りの花山院隊メンバーは、一斉に報国隊を脱走し、船で下関から豊前に向かった。その数、およそ五〇名という。もと長州藩下士で報国隊士平野四郎（若月隼人）が、武術の門下生二〇名ほどを率いて参加した。一月一四日、花山院隊は豊前四日市の陣屋を襲撃、御許山にたてこもった。

はじめての「偽官軍」事件

御許山での勤王挙兵の報は、二豊の諸藩を驚かせた。長州藩を後だてにしている、という風評だけに諸藩は驚愕し、対応に苦しんだ。中津藩、日出《ひじ》藩は藩境に出兵して様子を見守り、杵築藩も警備を厳重にした。当時四日市の警備にあたっていた久留米藩も、兵を集めたが動けずにいた。花山院隊は中須賀（現宇佐市）にあった幕府の御蔵米を山上に運び、陣地を固めた。いっぽう、尊攘派による日田侵攻の計画をおそれていた西国筋郡代窪田治部右衛門は、四日市陣屋襲撃の報を得て、一月一七日、日田を捨てて肥後へ逃亡してしまう。この数日前には、長崎奉行も逃亡しており、九州の幕府領では権力の空白状態が生じた。

一月二〇日、豊前宇島《うのしま》（現福岡県豊前市）に福原往弥《いくや》の率いる報国隊一小隊と、野村右仲《うちゅう》（素介、山口覚之助）の率いる奇兵隊一小隊が上陸、翌二一日、中津藩から大砲を借り受けて四日市に進駐、西本願寺別院正明寺《しょうみょうじ》に陣を構えた。そして福原らは、宇佐八幡宮の会見所で花山院隊幹部と対面した。福原は、この挙兵が勅許を得てないこと、長州藩の名を勝手に使ったこと、脱隊違反の罪を犯したことをあげ、きびしく佐田、平野らを追及した。佐田らは大義を説いたがいれられず、二三日に至り、会議の席上で報国隊脱隊の責任をとって平野四郎（若月隼人）は切腹、佐田秀はその場で斬殺された。

御許山は長州兵の攻撃によって二四日までに陥落、総裁の桑原範蔵は戦死、御許山上の僧坊は焼失した。長州兵は捕えた柴田直次郎を斬首し、「口に正義を唱え盗賊の所業せし者」として、佐田・平野・柴田三人の首を四日市の高札場にさらした。長州藩や長府藩は、花山院隊の挙兵を「盗賊の所業」といい、「偽官軍」として抹殺した。これはあの赤報隊事件よりひと月半ほど早く起きた、はじめての偽官軍事件であった。

天草富岡陣屋襲撃事件

肥後天草は、島原の乱（一六三七年）後から、幕府領であった。天草の富岡には、此の地域を管轄する幕府の代官所、富岡陣屋が置かれていた。慶応三年一二月六日、この富岡陣屋が何者かに襲われ、八〇〇〇両余の大金が強奪されたことはすでに触れた（第一次富岡陣屋襲撃事件）。はじめは誰の仕業ともしれなかったが、のちにこの事件を起こしたのが、花山院隊だと判明する。

慶応四年正月、四日市陣屋が襲撃された数日後、ふたたび天草の富岡陣屋が、花山院隊によって襲撃された。一月一八日、花山院隊の三九名が富岡に上陸、陣屋に乗り込みこれを占拠した（第二次富岡陣屋襲撃事件）。襲撃を察知した幕府役人たちが、陣屋を退避した後の出来事だった。花山院隊を率いていたのは、結城下総助《ゆうきしもうさのすけ》（結城小太郎）と児玉備後助《びんごのすけ》（児玉幸助）のふたりだった。そして、勅書を得た花山院家理の命により、「天草鎮撫《ちんぶ》」のため来島したことを島民に布告した（実際には勅書は得ていない）。同じ内容の文書は、当時天草の警衛を担当していた肥後藩、長崎奉行退去後の長崎を管轄していた長崎会議所へも示された。しかし、天草富岡の花山院隊は、それ以上、何も目立った行動をすることもなかった。この天草の花山院隊を、花山院別働隊と呼ぶ（以後、別働隊と略記）。

二一日になって、長崎から薩摩藩兵二小隊が、鎮圧のために富岡に上陸した。この薩摩藩兵は、薩摩・土佐・大村の三藩の幹部が共同で率いていた。薩摩藩兵と花山院別働隊との間で、戦闘は全く生じなかった。むしろ別働隊は、薩摩藩兵を静かに迎え入れた。三藩の首脳と別働隊の結城と児玉が面会した結果、陣屋はあっさり三藩率いる薩摩藩兵に引き渡されることになった。二三日、別働隊は船で筑前方面に向け立ち去った。この別働隊はその後、豊前御許山の本隊と合流することになっていた。この花山院別働隊が、当時田川郡香春に退去していた小倉（香春）藩兵に襲撃される事件が、香春鍋屋騒動である。

この別働隊の行動は、不可解にも思われた。ほとんど何のみるべき成果もなく、あっさりと引き上げたからである。何のための陣屋襲撃だったのか。ただ、この二度目の富岡陣屋襲撃に、天草警衛役の肥後藩は衝撃を受けた。そして「勅書」を有する（と思われた）花山院隊の対応に、肥後藩は苦慮し丁寧に対応した。いっぽう別働隊側は、肥後藩の動向を探り勤王へ向かわせることが、目的だったと思われる。しかし、花山院別働隊が去った天草では、その後薩摩藩と肥後藩のあいだで、天草支配をめぐる熾烈な談判が行われることになる。

香春《かわら》鍋屋騒動

一月二三日に天草富岡から撤退した花山院別働隊は、豊前御許山に向かっていた。ところが、この一月二三日という日は、豊前四日市で花山院隊の佐田が斬殺され、平野四郎が割腹を遂げた日だった。翌二四日までに、御許山の花山院隊は、報国隊と奇兵隊によって制圧されている。そのような中で、別働隊は本隊と合流するため豊前御許山へ向かっていた。

別働隊は、一月二九日にいったん豊前香春（現福岡県田川郡香春町）を通過する。香春に入る前日（二八日）、別働隊は筑前松崎（現福岡県小郡市）に止宿した。ここで別働隊は、「四日市之一巻」の知らせを得たという。「四日市之一巻」とはすなわち、御許山騒動の顛末である。別働隊は、花山院隊の御許山挙兵が鎮圧され壊滅したことを松崎で知ったのである。その結果、ここで結城小太郎は別働隊から離脱している。しかしなお三〇名余の別働隊は、御許山に向かおうとした。

二九日に香春を通過した別働隊は、豊前勝山（現福岡県京都郡みやこ町）の上野新町まで行って、ここで止宿した。しかしどういう訳か、ここで別働隊は二手に分かれた。別働隊を率いる児島次郎（本名児玉幸助、または小介。天草では児玉備後助と名乗っていた）以下一〇名は、大橋（現福岡県行橋市）へむかう。残りの二四名は、いったん通過した香春に戻ったのである。おそらく、御許山行きを断念し、長崎方面に戻ろうとしたものと思われる。事実上、別働隊も崩壊したに等しい。ところが、ここで悲劇が起こる。

二四名は二月一日に香春の鍋屋に止宿したが、翌二月二日未明、小倉（香春）藩兵が鍋屋を襲撃し、一二名を殺害したのである（鍋屋騒動）。殺害された者の首級は、鍋屋近くの西念寺前にさらされた。彼らは、「浮浪の徒」として殺されたのである。これよりさき香春藩は、御許山を制圧した長州藩から、御許山から逃げた「浮浪の徒」取り締まりの要請を受けていた。二九日に香春を通過した別働隊が、その「浮浪の徒」一味と目されていたのである。大橋へ向かった一〇名も、大橋の松屋で全員捕縛された。この時捕縛された別働隊の隊長児島次郎は、薩摩藩士児玉次郎（児玉幸助）

と判明した。あの天草を騒がせた、児玉備後助である。児玉は鹿児島に送還され、のち切腹を命じられたという。

さて、鍋屋騒動の犠牲者には、武士らしい武士はほとんどいなかった。彼らの生国は九州各地ほか、伊豆や江戸の者もおり、生業は主に船乗りだった。そして別働隊の多くが、長崎で「入隊」したという。おそらく結城や児玉によって、長崎で金で誘われ花山院隊に「入隊」したものと思われる。鍋屋騒動の事後処理には、香春藩はもちろん、事件にたまたま遭遇した薩摩藩士鮫島元吉と、小倉から駆けつけた長州藩士野村右仲が深く関わった。野村は長州藩の幹部で、自らの手で御許山を制圧した人物である。

こうして鍋屋騒動は、「浮浪の徒」が多数殺害された「悲劇」として、その後語り継がれることになった。

周防室積、花山院隊の壊滅

花山院隊は、尊攘派の公卿花山院家理《いえさと》を擁し、九州で「義挙」を実行することをめざした。そして、九州幕府領の中心である日田をおさえ、周辺諸藩に勤王を迫ることが「義挙」の目的であった。しかしその花山院家理自身は、ついに九州の土を踏むことはなかったのである。

花山院家理は、花山院隊が豊前四日市（現宇佐市）の幕府陣屋を襲撃し、御許山を占拠したとき周防大島の久賀村にあった。長州藩の勤王僧である、大洲鉄然《おおずてつねん》の覚法寺に滞在していたのである。馬関（下関）に本隊があった花山院隊は、花山院本人を本隊に迎える前に「義挙」に踏み切ったのである。

花山院家理は、慶応三年の一二月一〇日に覚法寺に入った。しかし下関にあった花山院隊実働部隊は、その後すぐに動かなかった。軍備の事情もあったようだが、王政復古がなった今、実際に「義挙」に踏み切ることに迷いが生じたのである。しかし覚法寺にあった花山院家理は、あくまで挙兵を主張した。いっぽう長州藩は、花山院の動きを注視していた。ただ尊攘派の公家である花山院自身に容易に手を出すことはできなかった。

状況が大きく変化するのは、慶応四年に入ってからである。一月三日に鳥羽・伏見の戦いがはじまり、薩摩、長州、土佐を中心とする新政府軍が、幕府軍に勝利した。そのような中、下関の花山院隊では「挙兵」の気運が一気に高まる。いっぽう長州藩は、戊辰戦争の渦中に諸隊の暴発を恐れた。また、前年一二月の第一次富岡陣屋襲撃事件が、下関の長府藩報国隊に身を寄せている花山院隊によるもであることを認識する。長州藩は一月一三日、花山院隊の総裁格と目された藤林六郎と小川潜蔵を捕縛する。これに前後して、ほかの花山院隊のメンバーは、一斉に報国隊を脱隊し、船で豊前に向かった。彼らは翌日、花山院家理を迎えることなく、四日市の陣屋を襲撃し「義挙」を敢行する。

一月二〇日になって、長州藩は花山院隊の壊滅にむけて動き出す。まず下関において、さきに捕らえていた藤林と小川をこの日に斬首する。同日、御許山を占拠する花山院隊の制圧のため、福原往弥（和勝）率いる報国隊と野村右仲（素介）率いる奇兵隊が、船で豊前に向かった。そして、九州へ向かうために室積に移っていた花山院と取り巻きを、槇村直正（のちの京都府知事）が拘束する。

これも一月二〇日の事である。花山院擁立を画策してきた児島長年も、遅れて捕縛されている。その後二四日までに、御許山の花山院隊が制圧されたことはすでにのべた。こうして花山院隊は壊滅し、一連の事件は終わることになる（ただし、香春の鍋屋騒動は、花山院拘束後に発生した事件である）。

花山院隊事件と時代状況

花山院隊事件は、慶応三年一二月六日の第一次富岡陣屋襲撃事件から、慶応四年一月二四日の御許山騒動鎮圧までである。このひと月余りの時期は、日刻みで政局がめまぐるしく動く、まさに激動のなかにあった。時代状況を簡単に確認しておきたい。

第一次富岡陣屋襲撃事件の数日後、慶応三年（一八六七）一二月九日、王政復古の大号令が出され新政府が成立した。成立したばかりの新政府は、いうまでもなく薩長討幕派を主力としていた。しかしそれに加え、大政奉還を推進した土佐藩など「非討幕」の雄藩を含む、いわば連合政権であった。この状況を一変させたのが、西郷隆盛の挑発によって戦端が開かれた鳥羽・伏見の戦い（慶応四年正月三日）である。鳥羽・伏見の戦いの勝利により、討幕派（薩長）が主導権を握り、新政府の国内統一戦である戊辰戦争が展開することになる。

戊辰戦争の舞台は、旧幕府側の残存勢力が広範に及ぶ、京都以東の東日本であった（新政権は、京都にある）。それに対し、主に西南雄藩の勢力範囲であった西日本は、戊辰戦争の戦場とはならなかった。それは西日本の多くの諸藩が、早い段階で新政府に恭順した（新政府に勤王を誓った）からであった。新政府にとって京都以西の西日本は、東日本への攻勢の背後を固めるべき地域となった。

そのため西日本では、旧幕府領の早期の接収と旧幕府勢力に与しないための諸藩統括に力が注がれた。

鳥羽・伏見の戦いがはじまると同時に、新政府は全国に向かって軍事的統一行動をはじめる。慶応四年正月四日、参与西園寺公望《さいおんじきんもち》が山陰道鎮撫総督に任じられたのを皮切りに、五日に参与橋本実梁《さねやな》を東海道、九日に岩倉具定《ともさだ》を東山道、高倉永祐《ながすけ》を北陸道、一三日に四条隆謌《たかうた》を中国四国の鎮撫総督に任じた。そして二五日、沢宣嘉《さわのぶよし》を九州（西海道）鎮撫総督に任じた。さらに二月九日には、有栖川宮熾仁親王《ありすがわのみやたるひと》が東征大総督に任ぜられ、いよいよ戊辰戦争が本格化する。

これまでの研究

さて、花山院隊事件をめぐる研究は、戦前から行われてきた。最も詳細なものは、小野精一（龍胆）の『御許山義挙録』（昭和一四年、以下『義挙録』）と一連の著作であろう。『義挙録』は関連の史料を詳細に分析し、それまで「四日市強盗」とよばれてきた花山院隊の挙兵が「義挙」であったとした。いいかえれば『義挙録』の目的は、御許山騒動を起こした草莽たちを「顕彰」するために書かれた。そして確かに、汚名を着せられた二豊の草莽たちの評価が、大きく転換するきっかけとなった。『義挙録』は日中戦争の最中に刊行されており、「勤王」や「忠義」ということが重んじられた時代背景もあったと思われる。また花山院隊事件は広範に及ぶが、『義挙録』は御許山騒動に特化している。いっぽう、天草の花山院隊による二度の富岡陣屋襲撃事件については、松田唯雄『天草富岡懐古録』（昭和八年）が、やはり事件当時の史料を提示しながら、事件の概要を述べている。

戦後の研究ではまず、高木俊輔『明治維新草莽運動史』（一九七四年、以下『運動史』）をあげなければならない。『運動史』に収められた「北九州花山院隊の研究」は、花山院隊研究の定本ともいうべき位置をになってきた研究である。その後刊行された『大分県史（近代篇Ⅰ）』（一九八四年）など、地元大分県で花山院隊や御許山騒動を扱ったものの多くが、『運動史』を参考にしているといっても過言ではない。要するに高木の著書が、これまでの研究では最も進んでいたものであった。そして『運動史』は、書名が示すとおり、明治維新期の各地の草莽運動を網羅しており、この分野の研究で本書を超える成果は未だにみない。「偽官軍事件」として、相楽総三の赤報隊（『運動史』第六章）と花山院隊（同第五章）が並べて取り上げられていることも重要である。もっとも、『運動史』が刊行された一九七〇年代は、草莽運動史や一揆研究が盛んな時代であり、現在の研究者の関心は他の分野に移っているけれども。

ただ高木の研究では、香春鍋屋事件など、関連する重要な事件が取り上げられていない。また、富岡陣屋襲撃事件の児玉備後助と児島長年を同一視するなど、いくつかの誤認もある。また、肥後藩の『天草方面探索方聞取書』（九州大学図書館所蔵）や『鹿児島県史料』、『山口県史史料編』など、花山院隊事件に関する史料を含んだ史料集も刊行された。

本書の新しい見方

これまでの研究の最大の難点は、天草の富岡陣屋襲撃事件は熊本県で論じられ、御許山騒動は大分県で論じられ、鍋屋騒動は福岡県で論じられ、報国隊の脱隊については山口県で論じられるなど、要するにその地域で個別に扱われてきた事であろう。各県の自治体史（県市町村史）では、それぞれの事件が、それなりに重要な出来事として扱われているが、明確に繋げて全体像を示した研究がなかった。本書はそれを克服して、事件の全体像を示すことを目指した。

また戊辰戦争下の九州で何が起きていたかも明らかにしたい。この点については、大久保利謙の論文「維新政権下の九州」（昭和六〇年）に詳しく、ここには天草や御許山の事件も取りあげられている。本書ではそれぞれの事件に、薩摩藩と長州藩が、深く関与することを明らかにした。戊辰戦争の最中、両藩は新政府の後背地ともいうべき西国九州の安定と諸藩の勤王への傾斜を画策していた。そして一連の花山院隊事件は、両藩の思惑にそった形で「処理」されていく。いい換えれば花山院隊事件は、両藩にとって実に都合のよい、利用価値の高い出来事だった。

花山院隊事件は、規模としては小さな事件だったかも知れない。しかしこの小さな事件を細かくみていくと、幕末維新期の様々な歴史事象の本質がみえてくる。

なお、「倒幕」と「討幕」は、厳密には使い分けが必要な語であるが、花山院隊事件がかなり限定された期間の出来事であり、煩わしさを避けるため本書は「討幕」の語で統一した。また藩名は、「薩摩藩」や「長州藩」など、読者になじみあると思われる旧国名を冠した名称を使用した。

第一章

花山院《かさのいん》隊事件前史

——二豊（豊前・豊後）の草莽たち

花山院隊事件という一連の事件は、慶応三年（一八六七）一二月から翌年正月にかけて起こった。しかし事件にいたる過程は、数年におよぶ。のちの花山院隊とよばれる草莽隊の核は、二豊を中心とする北九州尊王攘夷派の志士たちであった。彼らの活動の拠点は、主に宇佐郡をはじめとする二豊の幕府領であった。そのため彼らは、日田の西国筋郡代に何度も追われ、挙兵までには時間を要した。

ここでは、その事件の「前史」について、二豊（豊前・豊後）を中心とする北九州地域で、花山院隊の「中核」が形成される過程をみておきたい。それとあわせて、幕末の政局にも触れておきたい。

幕末の政局

安政五年（一八五八）、大老井伊直弼による通商条約違勅調印（天皇の許可を得ないままの条約調印）は、開港を好まない孝明天皇の怒りを招き、朝廷と幕府は衝突した。井伊は強硬な態度で臨み、朝廷や反対派の公家・大名をおさえ、その家臣たちの多くを処罰した（安政の大獄）。このきびしい弾圧に憤激した水戸脱藩の志士たちは、万延元年（一八六〇）、井伊を桜田門外で暗殺した（桜田門外の変）。さらに公武合体を進めるため、孝明天皇の妹和宮《かずのみや》を将軍家茂《いえもち》の夫人に迎えることに成功した老中安藤信正も、文久二年（一八六二）に坂下門外で水戸脱藩士に襲われ重傷を負い失脚した（坂下門外の変）。こうして、幕府の権威は根底からくずれはじめた。

こうした事態のなかで、薩摩藩では藩の実権を握っていた島津久光が文久二年、勅使を奉じて江戸にくだり、幕政改革を要求した。幕府は薩摩藩の意向を入れて、越前藩主松平慶永《よしなが》を政事総裁職、徳川（一橋）慶喜《よしのぶ》を将軍後見職に任命した。こうして安政の大獄で処罰された有力者たちが、政界に復帰した。また、京都守護職をおいて会津藩主松平容保《かたもり》をこれに任命するなど、幕政を改革した（文久の改革）。

いっぽう京都では、尊王攘夷論を藩論とする長州藩が、政局の主導権をにぎって朝廷を動かし、攘夷の決行を幕府にせまった。幕府はやむなく、文久三年五月一〇日を期して攘夷を決行するよう、諸藩に命じた。長州藩はその日、下関海峡を通過する外国船を砲撃して攘夷を実行した。

この長州藩の動き対して、薩摩・会津の両藩は同年八月一八日、朝廷内の公武合体派の公家らとともに朝廷内の実権を一気に奪い、長州藩勢力と急進派の公家三条実美《さねとみ》らを京都から追放（七卿落ち）するクーデターに成功した（八月十八日の政変）。翌元治元年（一八六四）七月、長州藩は勢力を回復するために京都にせめのぼったが、薩摩・会津両藩の兵に敗れてしりぞいた（禁門の変、また蛤御門の変）。その後、禁門の変で朝敵となった長州を征討せよとの「勅諚」が下った（第一次長州征討）。長州藩では禁門の変の敗北を受け、保守派が台頭した。保守派は幕府との対決を避け、禁門の変の「責任者たち（家老）」を切腹させ、幕府に恭順の意を表明した。このため、幕府軍と長州藩との武力衝突は回避された。

第一次長州征討でいったん屈服した長州藩であったが、藩内で新しい動きがおこった。高杉晋作・桂小五郎（のち木戸孝允）らの改革派は、四国艦隊下関砲撃事件（下関の一部占領）で攘夷の不可能をさとった。改革派は保守的な藩の上層部に反発し、高杉はさきに組織した奇兵隊をひきいて元治元年（一八六四）末に下関で兵をあげた。奇兵隊を中心とする諸隊は勝利し、改革派が藩の主導権をにぎった。この革新勢力（改革派）は領内の豪農や村役人と結んで、藩論を恭順から討幕へと回転させた。

幕府は長州藩に対して、第一次出兵の結末として領地の削減などを命じたが、藩論を一変させた長州藩はこれに応じなかった。そこで幕府はふたたび長州征討を宣言した（第二次長州征討）。しかし第一次長州征討のころと、幕府を取り巻く状況が変わりはじめていた。中でも、第一次長州征討の中心勢力だった薩摩藩が、長州征討に応じなかったのである。さらに慶応二年（一八六六）には、土佐藩出身の坂本竜馬・中岡慎太郎らの仲介で薩長連合の密約が成立し、両藩は反幕府の態度をかためる。

このような状況のなかで、六月二七日、幕府軍艦の周防《すおう》大島への砲撃で、第二次長州征討がはじまった。しかし戦況は、幕府軍に不利に展開した。幕府軍は長州を四境から攻めた。四境とは、芸州口（山陽道）、大島口（瀬戸内海）、石州口（山陰道）、小倉口（九州）である。幕府軍は芸州口はともかく、四境の多くで長州藩に敗北することになる。

九州小倉口では、老中小笠原長行《ながみち》が小倉・肥後（熊本）の両藩兵を率いて海峡をおし渡ろうとした。六月一七日、長州藩の参謀高杉晋作や山県有朋の指揮する奇兵隊などが先制攻撃をかけ、乙丑丸《いつちゅうまる》に乗船した坂本竜馬も参戦した。小倉口の戦闘を、肥後藩領などでは「小倉戦争」とも言う。以後、長州軍は何回もの攻撃をおこなった。七月二六日、長州軍が小倉を攻めると、肥後藩兵は小倉藩を援けて奮戦した。しかし、他藩からの援軍はほとんどなく、幕府軍も傍観する始末であった。二九日夜には、九州軍総指揮小笠原長行も軍艦で長崎にのがれ、小倉城は陥落した。小倉藩兵は、城を放棄して田川郡の香春《かわら》へ敗走し、小倉城も焼失（自焼）した。三〇日、将軍家茂死去の報が小倉の肥後藩陣営に届くと肥後藩兵も小倉を去って、八月九日に熊本に帰着した。幕府はまもなく大坂城中の将軍家茂の急死を理由に、長州征討を中止した。

二豊（豊前・豊後）の尊王論

花山院隊の中核となる、二豊の尊王攘夷運動についてみておきたい。時間は少し遡る。現在の大分県域は、豊前国と豊後国にまたがる。ただし、大まかにいえば豊前国の北半（広い意味での北九州地方）は、現在福岡県に含まれる。大分県域に含まれる豊前国と豊後国をあわせて、「二豊」とよんでいる。まずはこの二豊の尊王論を簡単にみてみたい。

帆足万里《ほあしばんり》は、江戸時代後期に活躍した日出《ひじ》藩（現速見《はやみ》郡日出町）の儒学者である。彼は日出藩の家老として藩政改革を試み、また学者として数々の功績を残した。彼は儒学のほか、国学・自然科学・医学にも通じ、『窮理通《きゅうりつう》』は優れた物理学書として知られている。家老を辞した万里は、南端村に西崦精舎《せいえんしょうじゃ》を建て、門人たちと移り住んだ。万里はここで子弟教育を行いながら、弘化元年（一八四四）に『東潜夫論《とうせんぷろん》』を著した。ちょうどその頃、清国がアヘン戦争（一八四〇〜四二）に敗北し、その事実に幕府は大きな衝撃を受けていた。

『東潜夫論』で万里は、まず朝廷を尊ぶこと（尊王）を説いた。その上で朝廷は文教をもって、幕府は武をもって天下を治めるべきであるという。さらに幕府は、海防の強化と兵制の改革、西洋の兵法の採用や軍艦の建造などを提言している。しかしこれは、幕府の海防や軍備が不備だといっているのは明らかなため、幕府批判の書でもあった。そのため『東潜夫論』は、公刊されなかった。しかし、有志の間では密かに読まれていたという。吉田松陰も九州遊歴の途上（嘉永三年）、下関で『東潜夫論』を読んでいる。

万里が没した翌嘉永六年（一八五三）、ペリー率いるアメリカ艦隊が浦賀沖に現れた（ペリー来航）。翌安政元年（一八五四）年、日米和親条約が締結された。この間、開国か否かの議論が沸騰し、同時に軍備の充実と海防の強化が諸藩でも急速にすすめられた。こうした中で、外国人（夷狄《いてき》）を攘《はら》う（退けること）、いわゆる攘夷思想が急速に広まった。

万里の門人に毛利空桑《もうりくうそう》がいる。毛利空桑は、肥後熊本藩領鶴崎（現大分市）の儒学者である。彼は熱狂的な尊王論者であった。空桑の尊王論にもとづく国家観は、「三圏」論によって説明される。三圏とは、三重の同心円の中心に「士民」（武士と庶民）をおき、これを「幕府・諸侯（大名）」が囲む。そしていちばん大きな外円にあって、総てを包み込むのが「天朝」（天皇と朝廷）であるとする。要するに上（外）から下（内）へ、天朝—幕府・諸侯—士民という序列こそが正しい秩序だと考える。ここから空桑は、荻生徂徠《おぎゅうそらい》が豊臣秀吉を「豊王」とし、中井竹山《なかいちくざん》が徳川家康を「大君」としたことについて、君臣の名分を知らぬ言辞だと批判した。

尊王思想は、儒学、特に朱子学の君臣・上下の秩序を重んずる「大義名分」論からのアプローチ（万里や空桑）と国学からのそれがある。国学は儒学（中国・朝鮮の思想）や仏教（インド発祥の思想）を排除し、日本の思想を重んずる。そこで国学は、『古事記』『日本書紀』や『万葉集』といった、日本の古典研究へ向かう。その結果として、天照大神《あまてらすおおみかみ》をはじめとする皇祖神の崇拝や、天皇中心の社会秩序を重んずることになる。そしてさらに、日本人としての民族精神に重きをおく。こうして国学は、神国思想の基礎ともなるが、それは西洋人とその文化も排除することになる。ここに尊王と攘夷が結合することになる。いっぽう朱子学では、上下の秩序、内と外（日本と外国）との秩序を明らかにする大義名分論によって、尊王と攘夷が結びついていく。

二豊の国学者には、中津藩の渡辺重名《しげな》と杵築藩の物集高世《もづめたかよ》の系譜とがあるが、いずれも二豊のうち、中津は豊前国、杵築は豊後国に含まれるが隣接している。この豊前地方に行動的な尊王攘夷を唱える志士たちがあらわれるのは、こうした国学が底流となっている。花山院隊事件のひとつ、御許山騒動《おもとさんそうどう》もまた、その流れの中で起こった事件であった。

二豊の草莽《そうもう》たち

「草莽の志士」という言葉がある。「草莽」とは「くさはら」「くさむら」の事で、社会においては「民間人」「在野の人」をさす。幕末においては一般に、幕臣や藩士などの武士に対し、学者や神官・僧侶や医者、農民や商人などをいう。いっぽう「志士」とは、「国家・社会のために自分の身を犠牲にして尽くそうとする志を有する人」（『広辞苑第六版』）をいう。花山院隊事件の主体は、まさにこの草莽の人びとであったといえる。

二豊の草莽の草分け的存在として、高橋清臣《きよおみ》と青木猛比古《たけひこ》のふたりをあげておきたい。高橋清臣は文化六年（一八〇九）、玖珠郡田野《たの》（現九重町）の白鳥神社の神主の子として生まれた。のち、下《しも》毛郡《げぐん》落合村（現中津市本耶馬溪町）妙見神社の高橋家を継いだ。彼は若くして京都で学び、王政復古をめざした中山忠能《ただやす》らの公家に仕えた。のちに高橋は、中山忠光（忠能の七男）の密命を受けて、日田に尊王の兵を挙げる計画を持ち帰った（文久三年春頃）。この年の八月、中山忠光は大和で挙兵するが（天誅組の変）、日田での挙兵計画も、はじめはこれに連動させる意図があったと思われる。「日田で挙兵」とは、いうまでもなく日田に九州幕府領の要である西国筋郡代《さいごくすじぐんだい》がおかれていたからである。西国筋郡代は、九州の幕領一六万石あまりを管轄した。当時の郡代は、窪田治部右衛門《くぼたじぶうえもん》であった。高橋は二豊の尊攘運動の中心的存在であった。慶応三年、高橋は公卿擁立のため京へ向かう途上、幕吏によって殺害された。

いっぽう青木猛比古は、天保二年（一八三一）、豊後佐伯藩領堅田《かたた》郷柏江《かしわえ》（現佐伯市）の農民の子として生まれた。父親が早く亡くなったこともあり、幼少期は佐伯領内の海福寺で育った。しかし青木はこれを嫌い、二二歳で京都に出奔し、神祇をつかさどる白川家に仕えるようになった。文久三年（一八六三）、八月十八日の政変に破れた尊王攘夷派（長州派、以下尊攘派）の公家七人（三条実美ら）が長州へ下向する（七卿落ち）際、青木はその護衛として従っている。その後青木は、主に京都、長州、九州を行き来しながら、尊攘運動をすすめた。慶応元年（一八六五）に宇佐郡に現れ、以後、九州で積極的に活動する。この頃青木は、幕府領肥後天草でも活動を行っている。後で述べるように、花山院隊は九州の幕府領の制圧をめざすのであるが、豊前宇佐郡と肥後天草郡はともに幕府領であった。花山院隊事件では、天草富岡の幕府陣屋も襲撃される。そのとき天草からこの事件に加わった人々は、青木との接点があったと推測される。慶応二年の第二次長州征討で青木は、長州の奇兵隊に加わり、小倉戦争で戦っている。二豊の尊攘派の志士たちは、挙兵の計画毎に日田の西国筋郡代に追われ、四散する。その後は、馬関（下関）で花山院隊の中核を形成していくが、そこでも青木は尽力している。慶応三年夏、青木は京都で佐幕派の手にかかり殺されたという。その他の二豊の草莽たちについては、「まえがき」の「草莽隊としての花山院隊」にすでにあげている。

「宇佐グループ」の結成

青木が慶応元年（一八六五）三月、宇佐を訪れたことは先に触れた。いうまでもなく尊王攘夷を説くためであるが、京都で知り合った宇佐八幡宮の神官奥並継《おくなみつぐ》の紹介によるものであった。青木は宇佐で、時枝重明《ときえだしげあき》・藤波茂樹・永弘岩根・小山田貞夫・岩坂瑞枝《みずえ》・吉成敏夫ら、宇佐八幡宮の神官たちと楠公会を結成する。楠公会とは、勤王の志が厚かった楠木正成《くすのきまさしげ》の遺志を受け継ぐ者たちの組織である。楠公会は、楠木正成が戦死した五月二五日に結成された。しかし楠公会は、単に楠木正成の戦死の日を記念するだけではなかった。楠公会は、北部九州の尊王攘夷派を糾合するための予備結社的な組織でもあった。彼らはこの時既に、討幕の先駆けとして日田代官所を襲撃する計画を立てていた。

その後楠公会には、宇佐郡佐田（現宇佐市安心院《あじむ》町）の国学者佐田秀《さだひずる》、江島（現宇佐市）の盲目の国学者柳田清雄《すがお》、橋津（現宇佐市）の松本大五郎、安心院の下村御鍬《みくわ》らが加わって、「宇佐グループ」ともいうべき尊攘運動の核が形成された。佐田は物集高世の門下、松本は渡辺重石丸《いかりまる》（渡辺重名の孫）の門下、下村は帆足万里の門下である。従って「宇佐グループ」とは、楠公会の宇佐八幡宮の神官たちと二豊で尊王論を説いた儒学者・国学者たちの教え子である尊攘派志士（草莽の志士）たちのグループである。佐田、松本、下村らは、のち「御許山の挙兵」に立ち上がる。

その後「宇佐グループ」は、さらに広がりをみせる。「宇佐グループは」はやがて、さきの高橋清臣、その義兄で平田城井《きい》神社（現中津市耶馬溪町）の太田包宗《かねむね》と関係を深めていく。さらにこの頃、やはり二豊の草莽を代表する長三洲《ちょうさんしゅう》とも結びつく。

長三洲は、天保四年（一八三三）、幕府領日田郡会田《ごうた》（現日田市天瀬町）で生まれた。父梅外《ばいがい》は、英彦山《ひこさん》（大分と福岡の県境にある修験道場）の座主《ざす》（長をつとめる僧）の祐筆《ゆうひつ》（書記）であった。彼は弟春堂とともに日田の咸宜園で学んだ。彼は安政の大獄（一八五八年）以後、積極的に尊攘運動に加わった。しかし、英彦山勤王事件に関わって長州に逃亡する。これは、長州藩と結んで尊攘運動の拠点であった英彦山を小倉藩が弾圧した事件である。前述した八月十八日の政変（文久三年）後、尊攘派への締め付けがいっそう強くなった。当時英彦山は、長州藩との結びつきが強く、座主は京都の三条家と縁戚関係にあった。文久三年（一八六三）、英彦山が長州藩と結んで挙兵し、日田を襲撃するという計画を小倉藩が察知した。そこで座主が小倉に呼び出され、その後約一年間にわたり軟禁された。また山伏一〇人も連行され、投獄されたという。

長三洲がこの事件とどのように関わったかは不明であるが、彼自身が尊攘派の活動家であり、父親は英彦山の祐筆であったから身の危険を感じたのであろう。長州に逃れた後、彼は奇兵隊に加わり、四国艦隊下関砲撃事件（一八六四年）では負傷している。長とのつながりでは、彼の咸宜園の後輩であった石垣（別府市）の矢田宏（御許山事件に参加。西南戦争では中津隊に加わる）も運動に加わっている。

こうして、青木と宇佐八幡の神官からなる「宇佐グループ」を核に、高橋、長らが加わり、二豊の尊攘派が結集した。彼らは落合の高橋清臣の木ノ子岳《きのこだけ》山荘に集まって謀議を重ねた。

二豊の尊王攘夷運動の挫折

八月十八日の政変（一八六三年）で、尊攘運動の中心にあった長州が京都から追われた。翌年、京都に攻め上った長州藩は、禁門の変（一八六四年）で破れ朝敵となる。幕府と薩摩藩が盛り返し、それとともに尊攘運動への厳しい弾圧が展開する。

慶応元年（一八六五）一二月、日田の西国筋郡代配下の農兵隊制勝組が、木ノ子岳山荘を襲った。高橋・長・佐田・下村は何とか逃げたが、太田・柳田らは捕らえられ、日田の獄につながれた。逃れた志士たちは、その後、高橋の従兄弟である安心院の重松義胤《よしたね》の家に拠点を移した。しかしここも危うくなり、さらに宇佐八幡宮近くの時枝重明宅へ移った。しかし、尊攘運動とそれを弾圧する西国筋郡代とのせめぎ合いが続く。しかし慶応二年から三年にかけて、二豊各地で尊攘派が捕らえられ投獄された。長三洲の弟春堂は、日田で獄死している。宇佐では時枝らが捕らえられ、日田へ送られた。慶応二年一二月、佐田・下村・矢田らは長州に逃亡し、長州藩の支藩である長府《ちょうふ》藩の報国隊に身を寄せた。これ以後、報国隊の拠点である馬関（下関）で、二豊の尊攘派の再結集が図られた。そして、報国隊に身を寄せていた、二豊以外の志士たちを加えて、花山院隊の本隊が形成される。

慶応三年正月、高橋清臣と原田七郎（豊前田川郡、若松八幡宮の神職）が、公卿擁立のため上京することになった。ふたりは、中津から乗船し、大坂へ向かった。しかし同じ船にいた中津藩士が挙兵計画を察知し、船が大坂へ着くと奉行所に急報した（佐賀関で下船し大坂へ報じたともいう）。ふたりは大坂で捕らえられ、日田へ護送される船中で死亡した（船中の汽罐室で蒸し殺されたという）。同年、上京していた青木猛比古も、三条大橋で佐幕派に殺害された（諸説あり）。同年五月には、宇佐八幡宮の神殿床下に隠してあった武器が発見され、宇佐八幡宮の神官奥並継・藤波茂樹らが捕らえられ日田の獄舎に送られた。永弘岩根・小山田貞夫・岩坂瑞枝・吉成敏夫らは、長州へ逃れた。こうして、日田代官窪田の厳しい弾圧の前に二豊の尊王攘夷運動は挫折し、壊滅状態となった。

公卿《くぎょう》擁立計画

二豊内での日田代官所襲撃計画とともに、京都の公卿擁立計画が並行して進められている。慶応二年一二月頃に、擁立する公卿として花山院家理《いえさと》の名が、二豊の志士たちであがったといわれる。花山院隊事件後、長州藩に捕らえられた大嶋捨之助（筑前浪士北川重四郎）の口述書（『復古記』）では、慶応二年一一月、報国隊寄食であったころ「花山公」を奉ずる計画を知ったという。ただし、なぜ花山院の名が上がったのか、その経緯《いきさつ》は分からない。報国隊があった馬関は、尊攘派の志士が行き交い、様々な情報が集まっていた。京都の事情に詳しい高橋や青木らが、擁立候補として花山院の名をあげていたのかも知れない。また複数の候補が挙がっていた可能性もないではない。

花山院擁立のため京都に向かった高橋と原田の亡きあと、擁立運動は下村御鍬《みくわ》（次郎太）に委ねられた。慶応三年三月末、無事上京した下村は、沢家（当時の当主は沢為量《ためかず》。養子の沢宣嘉《のぶよし》は、八月十八日の政変で破れ、長州に逃れた七卿のひとり）の家令（沢家の執事）米川信濃（角田忠行、足利三代木像梟首事件の首謀者のひとり）を頼った。米川は下村に児島長年《ながとし》（児島備後）を引き合わせた。児島は、播磨《はりま》の赤穂生まれの農民で、各地で儒学を修め、日田の咸宜園でも学んだことのある人物である。いうまでもなく尊攘派の志士（草莽）で、長州に渡って奇兵隊に入隊した経歴もある。慶応元年には、当時太宰府に滞在していた三条実美にも会ったというから、尊攘派の活動家としてそれなりの地位にあった。また、二豊や北部九州の尊攘派志士とのつながりもあったと思われる。児島は慶応二年夏から沢家に仕え、以後在京して青木猛比古らの依頼で、勤王挙兵の際の公卿擁立に動いていた。下村と児島が面会したのち、実際の花山院擁立は児島が担うことになった。

児島によれば、慶応三年七月頃、豊後佐伯生まれの青木猛彦（猛比古）、宇佐浪人の下村次郎太（御鍬）などと出会ったという（ただし、青木と下村がそろって京都で動いていたかどうかは不明）。下村は児島に「九州で義挙の計画があるから、兼ねてからお慕いしていた花山院公を仰ぎたい」という。そこでその斡旋は、青木と私（児島）が行い手筈を整えることになった。そのころ杵築浪人山口卂太郎も上京してきた。彼らは、児島の計らいで、「沢殿別荘」へ潜伏させた。その後、「花山院西州下向」が内々に決定した。児島は、花山院様の守衛方（護衛）をするよう五条殿（為定か）と沢殿（為量か）から内命を受けた。そして九月四日になって、花山院公の潜伏所（潜伏の理由は不詳）である河内に行き拝謁した。

児島は花山院に会い「花山院隊」（以後、この呼称を用いる）の盟主になることを説得したという。

河内に滞在していた花山院は、児島の説得に直ちに応じた。こうして、「花山院隊」が名目上発足した。同年一〇月、児島は花山院の「西州下向」の段取りのため、周防大島久賀《くか》村（現山口県）の大洲鉄然《おおずてつねん》のもとを訪ねた。児島は大洲から、大洲が住職を務める覚法寺を花山院の宿舎として提供する了解を得た。慶応三年一二月一〇日、ついに花山院は覚法寺入りを果たした。花山院は、覚法寺から馬関の同志と連絡をとりあった。こうして公卿を擁することができた「花山院隊」は、その正当性を手に入れたかにみえた。

花山院家理《いえさと》とは

ところで、花山院家理とは何者なのか。「家理」は、多くの場合「いえのり」という読みを付しているが、比較的古い戦前の書物などでは「いえさと」としている場合が多い。「花山院」の読みは、「かざんいん」としているものが多々あるが、「かさのいん」が正しい。正確には「くゎさのいん」と発音するのが、正しいらしい。花山院家は、「清華《せいが》家」のひとつで、公卿（三位以上で大臣など高官を務める廷臣）になることができる堂上《とうしょう》公家の中でも、いわゆる「摂家」（藤原摂関家の流れをくむ家柄）に次ぐきわめて高い家格である。公卿を雲上人と呼ぶことがあるが、花山院家はその雲の上でも上層の家柄であった。

花山院家理は、天保一〇年（一八三九）、三条実美の書の師匠でもあった、花山院家厚《いえあつ》の子として生まれた。安政四年（一八五七）には、左近衛中将《さこのえのちゅうじょう》に進んでいる。翌安政五年には、幕府からの日米修好通商条約の勅許打診に対し、反対を表明して抗議した八八人の公卿に名を連ねている（廷臣八十八卿列参事件）。つまり、開国に強硬に反対した攘夷思想の持ち主である。花山院家理は、花山院隊事件の当事者でありながら、謎の多い人物である。『幕末維新大人名事典』において、花山院家理には次の様な記述（川口素生《すなお》執筆）がある。

花山院家理　かさのいんいえさと〔天保一〇・九・七～明治三五・四・二一（一八三九～一九〇二）〕公家（清華家）。右大臣家厚の子。叔母（父の妹）の梅子は権大納言飛鳥井雅典に嫁している。花山院家は花山院流の本家で、家禄は七五〇石。代々の当主が笛をよくした。弘化二年に侍従となり、嘉永四年の元服後に昇殿し、右近衛権少将となる。安政四年、左近衛権中将に昇任。同五年には正三位に叙任された。同年の日米修好通商条約の勅許奏請問題では、中山忠能らと強硬に反対。万延元年一二月に官職を辞任。文久三年正月、病を理由に位記を返上し、維新後も顕職には就任しなかった。明治六年に結城姓となり、同一三年には分家している。

このように『幕末維新大人名事典』は、花山院隊事件には全く触れていない。『明治維新人物辞典』においても事情は同じで、記述の最後は文久三年の位記返上で終わっている。『朝日日本歴史人物事典』（朝日新聞社、一九九四年）で、わずかに花山院家理の文久三年以後に触れていて、「二豊（現大分県）を中心とした北九州尊攘派の擁立運動を受け入れるが、九州へ渡る直前の明治一（一八六八）年一月二〇日、周防室積において拘禁され、京都へ護送ののち八月に篠山《ささやま》藩（現兵庫県）で幽閉された」とある。この記述の参考文献は、本書でも度々引用する、高木俊輔『明治維新草莽運動史』である。

文久三年（一八六三）に位記を返上している。つまり公卿としての位階を放棄（隠居）している。位記返上は、「病を理由」とある。単純計算すれば、この時二四歳である。しかし、この文久三年に花山院家理は、伊予（現愛媛県）に「潜伏」していたらしい。「潜伏」というからには、追っ手から逃れていたわけだが、その理由は分からない。この年、生野の変に破れて落ち延びた沢宣嘉も、一時伊予に潜入する。沢はその後、長州に逃れるが、この時花山院家理も長州に渡ったというのである（秋山英一『近代日本の夜明け伊予勤王史』）。

その後慶応三年（一八六七）九月、児島長年は花山院を擁立するために家理本人に拝謁した。この時花山院は、河内に「屏居」（世間から引退し、家に引きこもること）していたという。このときも京都を離れて河内にいるのだが、これも理由がわからない。このとき、単順に計算すれば、彼は二八歳ということになる。文久三年の位記返上の理由は、単に病気が理由なのか、どうもそうは考えにくい。何らかの事件に関わっていた可能性もあるが、よく分からない。

花山院事件の後、家理がどのようになったのかはあとに譲りたい（第七章）。花山院家理は、確かに尊攘派の公家である。しかし、何かいわく付きの家理をなぜ二豊の尊攘派の志士は慕い、彼を擁立したのか。また五条、沢の両公もなぜ花山院を推挙したのか。よく分からない。ただ、高野山挙兵で擁立された鷲尾隆聚も謹慎中の身であったし、赤報隊に担がれた綾小路俊実も幽閉中の身であった。こうした表舞台にない公卿が擁立しやすく、また疎外された公卿も復権を期して擁立に応ずる、そういう事情があったのかも知れない。

挙兵計画の具体化とその目的

慶応二年（一八六六）暮れから翌年正月、二豊の尊攘派の多くが長州へ逃亡したことはすでに述べた。豊前・豊後と長門・周防（現山口県）は、地理的にも近い。特に豊前の志士たちと長州藩との関係は深い。九州の幕府領の拠点であった日田襲撃計画は、彼らが身を寄せた長府藩報国隊の拠点馬関（下関の古称）で進められていった。二豊出身者では、佐田秀・下村御鍬・矢田宏ら若手の急進派が計画をリードした。これに福岡藩出身の桑原範蔵《くわばらはんぞう》・藤林六郎（小藤四郎）・北川重四郎（大嶋捨之助）、秋田藩出身の小川潜蔵など各藩を脱藩した志士で、概ね報国隊士（または寄食）が中心メンバーであった。さらに元長州藩下士で、報国隊士の若月隼人《わかづき》（平野四郎）がこれに加わった。

ところでそもそも、日田代官所襲撃計画の目的は何であったのか。のちに捕らえられた児島の供述によれば、「九州の幕領の石高は十八万石ほどあるが、そのうち手始めに豊後の日田を攻め落とし、肥後そのほか九州諸藩の動向によっては、おいおい（各地へ）進軍する計略であった」というものであった。幕領の代官所や陣屋は、独自の警備兵を有していない。だから日田代官所や四日市陣屋、天草の富岡陣屋でも農兵を組織した。しかしそれは、諸藩の軍事力に比すればたかが知れており攻撃しやすい。おまけに知り得た情報によれば、代官所や陣屋はかなりの公金を保有している。経済的な意味からも、襲撃して軍資金を得ることには魅力があった。そして、日田代官所を襲撃したあとの九州諸藩の動向如何によっては、九州を制圧することも不可能ではないと考えたのであろう。

第二章

御許山《おもとさん》騒動

——幕府領　豊前四日市と宇佐御許山

花山院隊が、実際に挙兵を実行したのは、慶応三年（一八六七）一二月六日の第一次富岡陣屋襲撃事件である。この事件は、花山院隊の約二〇名が、幕府領だった肥後天草富岡陣屋（現苓北町）を襲い、陣屋の守備兵を殺傷し、公金八〇〇〇両余を奪い取ったという事件である。事件後、襲撃した花山院隊は、その正体を自ら明かすことなく、迅速に撤収した。当時、陣屋が何者に襲われたのか、地元では分からなかった。この事件は、軍資金調達が目的であったと思われる。

この事件のひと月余り後、慶応四年の一月一四日に、同じく幕府領であった豊前四日市陣屋が、花山院隊によって襲撃された。これが二豊の草莽たちが、かねて計画してきた「義挙」であった。陣屋の襲撃後、花山院隊は、宇佐八幡宮の第二殿に祀られている「比売大神」が降臨したといわれる御許山に登り、ここに立て籠もった。彼らは錦の御旗を押し立て、近隣の諸藩と人民に「義挙」に加わるよう檄をとばした。

鳥羽・伏見の戦いと花山院隊の蜂起

花山院隊には、馬関の報国隊に身を寄せる早期挙兵派と、花山院を擁立して自らの正当性を得ることを優先したいグループ（花山院の取り巻き連中）があった。天草の富岡陣屋の襲撃で、馬関の早期挙兵派は勢いづいた。それに対し、花山院擁立派は慎重論を唱えた。花山院に従っていた児島長年は、慶応三年（一八六七）一二月一〇日に花山院を出迎えた挙兵派の同志に、今すぐ挙兵すべきではなく王政復古の「名分」に拠ることを説いた。すなわち児島は、三条実美を通じて天皇の「西征の朝命」（挙兵の勅許）を得ることが先決だと主張したのである。ただし、王政復古の大号令が発せられた後は、馬関の花山院隊の中にも、すぐに挙兵することをためらう意見もではじめていた。

挙兵への機運が切迫しているとみた児島は、急ぎ上京した。上京は、勅許にこだわった花山院の指示でもあった。児島が三条実美に拝謁できたのは、慶応四年正月六日であった。折から鳥羽・伏見の戦いの最中で、三条は勅書下賜は難しかったと児島に告げた。その代わりに三条は、「一先ず帰京して王事に尽力せよ」との自らの「令書」を渡した。令書は花山院に対して与えたものであるが、要は「はやまってはならない」ということであった。この時点で、勅許は得られなかったのである。児島はこの三条の令書を携え、周防大島に戻ることになった。

いっぽう馬関の挙兵派たちは、児島の報告を待ちきれない状態だった。勅書がなくても挙兵を強行し、事が成功すればそこで王政復古のための義挙であるとの「名分」を唱えればよい、という強硬論もでていた。ただ、一部には慎重論もあって、「挙兵」は最終的には花山院自身の意志に従うことになった。そこで馬関グループは、山本土佐と荒金周平を周防大島の覚法寺にいる花山院のもとに派遣した。ふたりは一二月二五日に花山院に会うが、花山院の意志はあくまで挙兵決行だった。ただここでは、決行日には触れられなかった。花山院は、児島がもたらすはずの天皇の勅書を待っていた。

慶応四年(一八六八)正月三日、京都郊外の鳥羽・伏見で薩摩藩兵と旧幕府軍の間で戦端が開かれた。いわゆる鳥羽・伏見の戦いであり、戊辰戦争のはじまりであった。鳥羽・伏見の戦いは、錦の御旗を押し立てた新政府軍が勝利し、六日には徳川慶喜が大坂を密かに脱出し船で江戸へ向かった。戦意を喪失した旧幕府軍も、それぞれ江戸や自領に帰還した。この薩長側の勝利を機に、馬関グループは花山院を奉じて挙兵することに決した。

一月七日、矢田宏ら五人の一行は馬関を一足先に出た。そして、周防大島の花山院のもとへ向かった。花山院に拝謁した矢田らは、花山院の九州下向を促した。しかし花山院は、児島がまだ京都から帰らず、勅許も得られていないことから、すぐに動くことをためらった。しかし結局のところ、矢田らの説得に応じ九州へ向かうことになった。そして一月一四日、花山院は室積《むろづみ》（現光市）の普賢寺に入った。ところがちょうどこの日、花山院隊による豊前四日市陣屋襲撃事件がおこった。馬関グループは、花山院を待つことなく「義挙」を決行したのである。花山院は室積で、しばらく九州の動向を見守ることになる。

矢田らの動きをみて、長州藩と長府藩は報国隊内にある花山院隊の暴発を恐れた。花山院隊の決起は、長州藩側からみれば諸隊の「暴発」であり、軍律を犯す脱隊でしかない。長府藩報国隊は正月一三日、藤林六郎や小川潜蔵らを拘束した。これが、花山院無しの挙兵の引き金になった。馬関にいた花山院隊の面々は、一斉に報国隊を脱隊した。脱隊した人数は三〇数人ほどといわれる（正式な報国隊士は、二〇名足らず）が、その多くが二豊をはじめとする北部九州出身者で報国隊に寄食していた者たちであった。それに元長州藩下士で報国隊士の若月隼人らが加わっていた。若月は剣術の師範だったが、報国隊に属する自らの門弟の報国隊士も従えていた。長府藩からすれば、これは明らかに「脱隊騒動」であり、のちに若月はこの責めを負わされることになる。報国隊を脱隊した佐田秀や若月隼人ら一行は、長州藩の追跡をかわしながら、一月一四日、船で豊前長洲《ながす》（現宇佐市）付近に到着した。

四日市陣屋襲撃と御許山の占拠

慶応四年（一八六八）一月一四日、花山院隊は「夕七ッ時」（午後四時頃）、長洲川（駅館川《やっかん》）の河口付近に着いたという。その後、船中で支度を整え、「夜四ッ時」頃（午後一〇時頃）上陸した。長洲川の河港とは、中須賀港であろう。河口到着から上陸まで六時間近くあるから、この間支度と共に地元の同志を迎え入れていたと思われる。上陸するとまっすぐに四日市陣屋に向かった。上陸からしばらくして、おそらく夜一一時頃、花山院隊約六〇名が幕府領の四日市陣屋を襲った。花山院隊は「西洋流の調練太鼓」を打ち鳴らしながら陣屋に接近し、表門と東口から発砲した。四日市は幕府領で、陣屋は慶応三年二月に警備の必要から久留米藩預かりとなっており、陣屋は久留米藩士や地元の農兵によって警固されていた【写真1】。しかし銃声に驚いた陣屋役人は、ことごとく逃亡した。陣屋を占拠した花山院隊は、公金六〇〇〇～七〇〇〇両、大砲や小銃や弾薬、それに衣類などを奪い取り陣屋に放火した。ついで陣屋の役人らが逃げ込んだ東本願寺別院（東御坊）にも放火。さらには四日市村庄屋渡辺一郎右衛門宅にも放火し、この時、町家九軒も類焼した。また、金貸し商売をしている富豪宅にも発砲し、金子や衣類、夜具などを奪っている。この行為はのちに「盗賊の所業」とされ、花山院隊抹殺の口実となる。

なお、馬関において報国隊を脱隊した人数は、三〇名あまりであったから、陣屋を襲撃した花山院隊は、人数がほぼ倍になっている。三〇人ほどがこの地域から、花山院隊に新たに加わったことになる。例えば、花山院隊の名簿【表1】（本章末に掲載）をみると宇佐郡佐田村（現宇佐市安心院町）から参加した者が一七名いるが、このうち「報国隊寄食」は三人である。一四人は宇佐で花山院隊

【写真1】門だけがのこる四日市陣屋跡（宇佐市）

に合流したものであろう。

一五日暁七ッ時（午前四時）頃、花山院隊は奪った金品を町屋の者や東本願寺の坊主たちに持たせ、御許山に集めて立てこもった。この時の人数は、約七〇人だったという。そして次のような檄文（現代語訳）が発せられた。

今般、幕府は詐術《さじゅつ》（人をだます手法）をもって政権を手に入れ、さらには大坂城に拠って軍隊を動かし京都に迫った。そして去る正月三日、鳥羽・伏見において官軍と交戦した。この戦いで官軍は勝利したけれども、朝廷はまだ危急存亡の危機にある。よって我が花山院正三位前左近衛中将《さこのえのちゅうじょう》殿は西国において官軍を召募するため、まず馬城峰《まきみね》（御許山の別称）に御本陣を置かれた。ついては勤王の諸有志は速やかに馬城峰に集まってほしい。謹んで檄す。

正月十五日　　馬城峰会議所

同日、御許山の本陣のほかに宇佐町喜多院に出張所をおいた。出張所の掛札には、「花山院御本陣馬城山出張所」とあった（『宇佐神宮史史料篇巻十五』）。ここは花山院隊の対外的窓口でもあったが、ここから最初に発せられたのは、近郷への兵糧炊き出し命令であった。出張所は、下村御鍬に任されたという。

一六日早朝、花山院隊の二〇名ほどが、御許山をおりて中須賀《なかすか》の米蔵から米を運び出した。この時彼らは、「義」「仁義」「花山院御内」などと大書した幟《のぼり》を所持していたという。運び出した米は、一説によれば一〇〇〇石という。この時、周辺の村々から多くの百姓が運搬人夫として動員されている。この米蔵は、周辺の幕府領から収納された年貢米を貯蔵する蔵である。奪った米のうち約三〇俵は、陣屋襲撃の際に類焼した町屋の家々に分配した。また、見舞金も三両ずつ渡している。花山院隊の民衆に対する配慮であろう。

四日市陣屋の襲撃事件を日田で知った郡代の窪田治部右衛門は、この日の夕刻、日田を捨てて肥後へ逃れた。そのため、日田の獄舎にあった時枝重明らが解放された。

花山院隊による「王領」宣言

花山院隊は、御許山に砲台を三か所設け、陣地を構築した。また四日市陣屋にあった武器を御許山に運び込み、陣営の備えとした。一六日から一八日までは、しばらく膠着状態がつづく。この間のこの事件がどのように周囲に伝えられたかは、各方面の探索書などからうかがい知ることができる。

例えば柳川藩の御用商人が、日田で聞いた話として、「（何者かが）四日市陣屋に大砲や小銃を打ち込み、東御坊（東本願寺別院）は焼失。（陣屋警備の）久留米勢は七人即死、八人負傷。敵方は三〇〇人あまり。長洲沖には軍艦が三隻碇泊。四日市で乱暴後、（一団は）宇佐を経て尾本山（御許山）へいった」とある（一月一六日付、『天草方面探索方聞取書』）。これは肥後藩の史料であるが、はじめは非常に事件が誇大に伝えられていることがわかる。久留米勢はひとりも死んでいないし、花山院隊の人数は五倍に誇張されている。それほど事件は、衝撃的であった。はじめは長州藩兵による豊前侵攻だと受け止められていた向きもある。日田で同様の情報を日田代官の窪田治部右衛門が受け取っていたとすれば、それは衝撃であったであろう。ただ情報は、日増しに正確になっていく。

花山院隊は周辺三藩（中津、杵築、日出藩）にも、個別に檄文を送っている。また、勤王を促すための使者も遣わしている。長州藩を後だてにしているという風評に、諸藩は対応に苦慮した。宇佐に隣接する中津藩、日出藩は藩境に出兵して様子を見守った。杵築城下では、長州藩兵が攻撃してくるとの噂が広がり、大騒ぎとなった。四日市の警備にあたっていた久留米藩も兵を集めたが、動けずにいた。また郡代窪田が日田で組織した農兵隊の制勝組も、近隣に待機して花山院隊の動きに備えた（周辺諸藩の対応と、諸藩に与えた事件の影響については、第三章）。

一九日、花山院隊は喜多院の出張所に周辺の村役人（各村の庄屋・組頭・長百姓ひとりづつ）を召集した。召集した村役人を前に「徳川将軍家家茂《ママ》は、正月九日にこの四日市同様の次第となった（四日市陣屋同様滅んでしまった）。これからもと幕府領は、「王領」（天皇の直轄地、すなわち天領）となるから、そのように心得るように」と申し渡した。おそらく佐田秀が述べたと思われるが、旧幕府領を花山院隊が制圧し、天領となったことを宣言したのである。ここまでは、花山院隊の思惑通りであったと思われる。この会合に参加した中嶋喜七郎（庄屋か）も、このことを記録したあと「（花山院隊の）勢いは盛んで、四日市陣屋詰めの役人や農兵も、一同散り散りとなって」、彼らに全く手が出せない状態だと記している（『宇佐神宮史史料篇巻十五』）。

花山院隊の四日市陣屋襲撃によって、日田代官の窪田治部右衛門が逃亡して、旧幕府領には権力の空白状態が生じている。それは、日田も天草も、そして長崎も同様であった。

御許山と錦の御旗

ところで、なぜ花山院隊は御許山に立て籠もったのか。この章の冒頭にも述べたように、御許山は宇佐八幡宮の第二殿に祀られている「比売大神」が降臨した山といわれる。そのため、御許山は山全体が宇佐八幡宮の御神体である。また宇佐八幡宮が祀る八幡神は、神仏習合のシンボルであり、八幡大菩薩は戦いの神であり仏であった。「東豊前の平野に巍然《ぎぜん》として、孤尊《こそん》してをる。彼の日向の高千穂峰と相並んで、皇国発祥の霊山である」（『義挙録』）と、高千穂峰と並び称される聖地なのである。また当時、山上には三つの僧坊が建っていた。花山院隊が挙兵した一月一四日は旧暦であるが、新暦では二月初め頃となる。つまり厳寒期なのである。この挙兵の成否がいつになるか分からないのであるから、花山院隊にとって僧坊は願ってもない施設であった。さらに花山院隊は、山上付近に簡易な砲台を築いたが、軍事的な意味でも御許山は、宇佐平野を見晴らす絶好の位置にあった。

その皇国発祥の地に、花山院隊は錦の御旗（錦旗）をうちたてた。これほどシンボリックで、畏れ多いことはない。この御許山騒動で立てられた錦旗は、現在も安心院の重松家（同志重松義胤の子孫）に保存されているという【写真2】。御許山に錦旗が立ったことは、当時の記録にもしばしば登場する。例えば、小浦村（現日出町豊岡）庄屋脇谷時三郎がのこした御許山騒動の記録「雑話録」

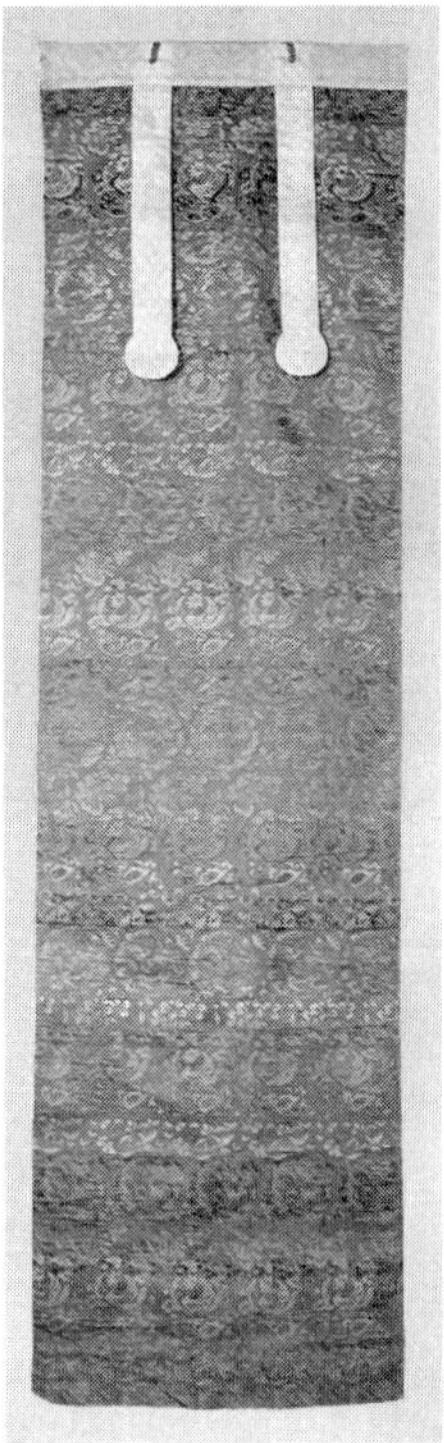

【写真2】御許山に立ったといわれる錦の御旗。『大分県の歴史 (8) 自由民権の波』より転載

では、一月一八日に「御許山には錦の旗見え候よし」とある。この錦旗はこれまで、三条実美から賜った物といわれ、『義挙録』においても、「三条公の下さった錦旗には、日像月像こそなけれ、本当の錦旗である」としている。戊辰戦争の錦旗には、ここでいうように「日像（太陽）」と「月像（月）」のある二旒（二本）の錦旗が掲げられている。御許山のそれには、日像も月像もあしらわれていない。後述する（第七章）が、三条のもとに勅書の下賜を願いに行ったのは児島長年であるが、児島は勅書を得てはいない。あくまで三条個人の「内命」は得たが、その内容は「いったん挙兵を思い止まって、京都に参集するように」というものだった。従って、花山院隊に朝廷から錦旗が下賜されたとは考えられない。

錦旗は戊辰戦争前の高野山挙兵（終章）でも掲げられている。だから花山院隊が、高野山挙兵や戊辰戦争での錦旗のことを知っていた可能性はじゅうぶんある。かといって、御許山に立った錦旗は、京都からもたらされたものではなかろう。なにより、京都の三条実美のもとに馳せ参じた児島長年は、周防の室積で花山院とその取り巻きが拘束された（一月二〇日）あとに捕縛されているから、錦旗が御許山の花山院隊に渡ろう筈がないのである。錦旗は御許山のある宇佐か安心院で準備されたと筆者は考えるが、それを証明する史料は今のところ持ち合わせていない。

つまり花山院隊は、挙兵の勅書も錦旗も、実際には得ていないままの「義挙」に踏み切ったわけである。これで「義挙」といえるかどうか。ただ、この花山院隊の挙兵は、同じように勅書と錦旗が得られないまま挙兵に踏み切り、のちに「偽勅使」として処分される「高松隊」のケースとよく似ている（高松隊については、終章を参照のこと）。

一月二〇日の事態急変

事態が急変するのが、慶応四年（一八六八）一月二〇日である。長府藩の記録によれば、正月に入って本藩（長州藩）から周防大島に滞在している花山院と報国隊との関連が指摘された。報国隊は、長府藩所属の諸隊である。そこで長府藩が探索した結果、報国隊の藤林六郎が花山院隊の総裁格であることを突き止めた。ここでおそらく、長府藩は花山院隊の挙兵計画も知ったものと思われる。そして一月一三日、藤林六郎と小川潜蔵を馬関で捕らえた。藤林逮捕と前後して、馬関にいた花山院隊の面々は報国隊を脱隊、四日市に向かい「義挙」を決行した（一月一四日）。その後一月二〇日になって、藤林と小川は斬首されている。これは長府藩の意思が、はっきりと花山院隊鎮圧（抹殺）に決したことを示している。

同じ一月二〇日に、室積港にいた花山院が、こちらは長州藩の槇村半九郎（正直、のちの京都府知事）らによって拘束され、側近の花山院隊の面々も逮捕された。さらに御許山の鎮圧に向かった長府藩の福原往弥《いくや》（和勝）と長州藩の鎮圧部隊（おそらく奇兵隊）を率いた野村右仲《うちゅう》（素介）らが、豊前宇島《うのしま》（現福岡県豊前市）に上陸したのも、同じ一月二〇日である。一月二〇日に、長府藩も本藩の長州藩も、同時に花山院隊鎮圧に動いていることになる。この一月二〇日の事態の急変の裏には、何があったのか。

はじめは長州藩も、花山院隊の動きを静観していた。いや、まだ草莽たちを「利用できる」とさえ考えていたかも知れない。しかし、同じ頃におきた王政復古のクーデター（一二月九日）で、政局は一気に討幕に向かう。そして翌年正月三日に鳥羽・伏見の戦いが勃発し、薩長軍が勝利する。花山院隊は、おそらくこの鳥羽・伏見の戦いの勝利で一気に勢いづいて「義挙」に踏み切った。この機に九州の幕府領を制圧できるかも知れないと判断したのだろう。いっぽう長州藩にしてみれば、これから「東征」に向かうという時に、東征軍背後の西日本に不安定要素を抱え込むわけにはいかない。京都以西、とくに中国・九州の安定は、薩長の維新政権にとって必須だった。そんなときに、九州諸藩を刺激する花山院隊の「義挙」は、何としても抑え込まなければならなかったのである。

御許山鎮圧隊の動き

右に関連して、重複する部分もあるが、長州藩での鎮圧部隊派遣までの動きをみてみたい。長府藩の記録『毛利元敏家記』によれば、御許山騒動鎮圧に向かう長州藩と長府藩の動きは、次の通りである。

花山院が周防大島にいることについて、長州藩から長府藩への報告書が届いた（慶応四年正月一〇日頃だと思われる）。この時同時に、花山院の取り巻きが報国隊関係者たちであるらしいこと、慶応三年一二月の天草富岡陣屋襲撃と関わりがあるらしいことも指摘されていたものと思われる。知らせを受けた長府藩では早速、報国隊の動向を探索し、藤林六郎の「事実」を得た。「事実」とは、藤林が花山院隊の総裁格であること、第一次富岡陣屋襲撃事件に関わったこと、などと推測される。長府藩は一月一三日に、馬関で藤林六郎を拘束した（この時、小川潜蔵もともに拘束された）。この時、花山院隊の関係者数人も捕らえられた。この一三日前後に、もと本藩生まれの武士で、報国隊士の若月隼太（隼人）が隊を脱走（脱隊）した。人を出して若月を捜索したがみつからない（若月は一三日の夜にすでに四日市に向かっていた）。二〇日なって、藤林と小川が斬首される。一九日か二〇日に、小倉を守衛していた本藩の野村右仲（野村素介《もとすけ》。小倉城陥落後は、九州方面の軍監を命じられていた）が、すでに若月が四日市いると聞き、赤間関（馬関）の長府藩に知らせてきた。知らせを聞いた「馬関市令」の福原和勝（もと報国隊軍監）は、直ちに海を渡り小倉で野村と会い協議し、「単騎」で四日市に向かった。四日市は、小倉から一〇里ほどの所にある。

　このようにみてくると、本藩からの知らせを得たうえで、長府藩が報国隊内の花山院隊の捜索をはじめていることがわかる。そして捜索、逮捕のうえ、首謀者と判断された藤林と小川を処刑した（一月二〇日）。先に述べたように、この二〇日に長州藩と長府藩は、花山院隊の弾圧に一斉に踏み切っている。鎮圧部隊を率いるのは、報国隊のもと軍監である福原和勝である（福原はこの事件の後、北越戦争に従軍。西南戦争で戦死。戦死したとき陸軍大佐という高い地位にあった人物）。福原が自ら鎮圧に向かっていることは、長府藩（報国隊）の並々ならぬ決意を感じさせる。そしてまず、福原が一小隊を率いて小倉をでて四日市に向かい、さらに本藩の野村がそれを追った模様である。野村右仲（素介）は小倉城陥落後、長州藩の九州方面軍監として、参謀の前原彦太郎（のち一誠）とともに講和談判などの戦後処理にあたった重要人物である。慶応三年一月、小倉藩と長州藩は講和条約を結ぶが、その後小倉藩領だった企救《きく》郡は、長州藩預り（事実上の占領地）となる。この時、企救郡の奉行兼代官役となったのが野村である（『山口県史（通史編幕末維新）』）。福原と野村という、長府藩と長州藩の、そして下関と小倉における最重要人物が連携して御許山の鎮圧にあたっているのである。それほど両藩にとって、御許山騒動は重大事態という認識があったと思われる。

長州藩兵の四日市入り

長府藩と長州藩は、一月二〇日に花山院隊の「抹殺」に向けて、一斉に行動を開始した。御許山に向かった鎮圧部隊は、豊前宇島《うのしま》に福原往弥（和勝）率いる報国隊一小隊（長府藩）が上陸。ついで野村右仲率いる長州藩第三大隊一小隊が上陸した。宇島に上陸した長州藩の鎮圧部隊は、中津藩領を通過する際、中津藩に大砲の借用を申し入れた。これは通常では考えられない。おそらく長州藩側は、中津藩の態度を試したのであろう。試すとは、新政府側の長州藩に中津藩が協力するかどうか、いいかえれば「勤王」を誓うかどうかである。中津藩は長州藩との関係悪化を懸念し、やむなく大砲二門と砲手一二人を差し出した。小倉戦争後、長州藩は小倉藩から企救郡を獲得している。つまりこの当時、長州藩と中津藩は、豊前国内で小倉藩領を挟んで近接した状態であった。

長州藩兵二小隊約一二〇名は二一日、四日市に入り西本願寺別院正明寺に陣をとった。御許山の花山院隊の面々ははじめ、この一行を花山院の九州下向と思い、よもや長州藩の鎮圧部隊とは考えなかった。しかし長州藩兵は、早速花山院隊に対し、脱隊した隊士の身柄引き渡しを要求した。

花山院隊と長州藩の会見

一月二一日、長州藩兵が四日市に着くと、それ以後、花山院隊との間で何度かの予備交渉が行われたようである。『宇佐神宮史巻十五』所収の「中島文書」によれば、「度々応接有之」とある。そして交渉の内容については、「御許山の兵の中に長州脱走の者が十二人いるようで」とあって、報国隊の脱隊問題が主な議題だったらしい（脱隊兵の数は一八人ともいう）。長州藩側は脱走兵の引き渡しを要求し、花山院隊はそれを拒否していたと思われる。長州藩側の論理では、御許山騒動を引き起こした花山院隊を「脱隊」問題、つまり軍律違反に限定して処分するのが、最も手っ取り早い。挙兵が、「義挙」か否かなどについて議論に及ぶのは、長州藩側にとっては面倒なことであった。

そして一月二三日、宇佐宮に設けられた会見所（「宇佐大宮司方」との史料もある）で花山院隊幹部と長州藩との直接会見が行われた。『毛利元敏家記』によれば、「和勝単騎ニシテ到ルヲ聞キ隼太（若月隼人―筆者注）及ヒ佐田内記兵衛（佐田秀―筆者注）出テ之ニ接ス」とあって、福原和勝（往弥）がひとりで会見に臨むというから、首領の若月と佐田も接見に来たとある。福原はもと報国隊軍監であったから、報国隊士であった若月と佐田にとっては、もと「上官」である。佐田と若月にとって、福原は信頼できる人物であったに違いない。しかし、この後起こる出来事からは、福原がひとりだったとは思えない。福原の周囲には、長州藩兵が控えていたはずである。

福原はまず、佐田に対して「維新の大詔渙発（王政復古の大号令）のあとに、役所や寺院を焼き人民を苦しめ、長州藩の名を借りて暴徒の挙動をなすとは何事か」と詰問した。王政復古によって、長州藩は権力側に立つことになった。これまで草莽たちを使って、権力（幕府）を揺さぶる立場から正反対の位置である。時代は変わった。福原はそれを指摘する。さらに報国隊の脱走兵を率いて暴挙を引き起こした（軍律を犯した）こと、三条実美および長州藩の名を利用したことを責めたてた。

これに対し佐田は、これはあくまで「義挙」であること力説し、却って長州藩が花山院を拘束したことを非難した。しかし、福原は全く聞き入れなかった。また若月隼人（平野四郎）は、「脱走兵というが、もともと我々は毛利家の家臣ではない。我々は天下の志士である。報国隊に身を投じたのは、長州藩に身を委ねるためではなく、国事に力を尽くす手段である。報国隊では国士として遇されないから、脱隊して多年の志を遂げようとしたのである」と主張したという。これは草莽の論理である。草莽は天下国家の「国士」であって、単なる報国隊の隊士ではない。しかしこれは、草莽を含め雑多な階層を抱えた諸隊という「軍隊」を軍律のみで統率する立場の軍監福原には、全く通用しない論理なのである。憤慨した若月は、「脱隊した十八人に代わって、私は腹を切る。首を藩公に差し出して十八人の志士を赦してもらいたい」といって、その場で切腹した。これをみて、その場を退出しようとした佐田秀は、背後から斬られ惨殺された。

長州藩による「浮浪士」の処断

会見がおわるとすぐさま、長州藩兵は二手に分かれて御許山に攻め上り、花山院隊を総攻撃した。二三日の夜は、大砲の轟音が鳴り響き、おびただしい火の手があがった。御許山の麓の立石藩（日出藩の支藩）は、警戒のため藩兵を繰り出した。日出藩兵も鹿鳴越峠《かなごえ》（現速見郡と杵築市の境界）で、戦況を見守った。

花山院隊はすぐに総崩れとなり、四散して敗走した。花山院隊の隊士たちは、壊滅にいたる直前まで「花山院はまだか、花山院はまだか」と叫び続けたという。長州藩兵は真夜中の「九ツ時頃」、宇佐八幡宮に参詣し、凱歌を上げて四日市に帰陣した。鎮圧後の御許山の状況は、「即死した者で首級のない、大将の者と思われる遺体がひとつ、膝を打ち抜かれて重傷を負った者がひとり、これは筑前生まれの者（肥前松浦出身ともいわれる）で柴田直次郎という。これは首を刎ねられ、四日市で獄門になった」という状況だった。首のない遺体は、討ち死にした桑原範蔵で、誰かが首を持ち去ったものと思われる。また御許山上にあった僧坊は、「西の坊・石垣坊・成就坊、右三坊ともに放火され灰燼に帰した」（『宇佐神宮史史料篇巻十五』）。

御許山騒動を鎮圧した長州藩は、次のような高札を各所に掲示し、佐田・若月（平野）・柴田の首を四日市の高札場にさらした。竹三本を結び、竹の尖端を三つ叉にして、そこに首をおいたという。高札場には、次の文書が添えられていた。

この度浮浪士ども、口に正義を唱え、盗賊の所業をなし、御許山にたて籠もり、あまつさえ長州の名を藉《か》り候《そうろう》につき、我々出張しことごとく退治いたし候条、人夫のほか登山無用たるべし（御許山に登ってはならない）、もし手伝いいたし候者は（一味に加担する者は）同罪たるべき者也
正月二十三日（二十四日とした史料もある）　長州出張所中

一連の御許山騒動で殺害ないしは戦死した者の数は、はっきりしない。梟首された佐田・若月・柴田の三人と、戦死した桑原ははっきりしている。荒金周平（別府出身）も死亡（切腹）したと伝えられる（『別府市誌』）。しかし、ほかに死亡した者が何人いるのか判然としない。御許山に残された遺体は、首のないものがひとつ（桑原範蔵と思われる）だったという。

ところで、御許山から逃亡した隊士たちが、その後捕らわれて処罰されたという記録はほとんどない。総攻撃の時、御許山から逃亡する者を長州兵は敢えて追わなかったという。のち、捕らえられて打擲《ちょうちゃく》（むち打ちなど）されたものはいるが、その後は放免されている。捕らえられて取り調べを受け、罪状を言い渡されて処罰された者がほとんどいないのである。報国隊を脱隊した者が、下関に連れ返されて処分された史料もみあたらない。なぜだろうか。いっぽう、周防室積で捕らえられた者は入牢させられ、長州藩の手で処罰されている（獄死者も三人いる。第七章）。また鍋屋騒動では、事件に巻きこまれた人びとに一二名もの犠牲者が出た（第六章）。

ただし、逃亡した花山院隊士たちについて、周辺諸藩が厳重に警戒したことはいうまでもない。肥後藩の探索書には、「二十四日、湯布院に浮浪らしい者が入り込んだので、別府（一部に肥後藩の預かり地あり）に知らせた。野津原《のつはる》（現大分市、江戸時代は肥後藩の飛び地）からも、定詰《じょうづめ》の者が周辺に出て警戒している。潜伏している者がいれば、一応応接し、抵抗すれば討ち果たすよう申し付けた。横灘（現別府市）にも、流れ込むかも知れない」とある（『天草方面探索方取調書』）。他の諸藩も、同様の警戒をしたことは間違いない。

様々な史料を総合すると、花山院隊の隊士たちの多くは、夜陰に紛れて御許山の東方側へ逃亡した。御許山を下り、現在の宇佐市安心院町を通過し、いったん別府方面に出る。その後は、塚原や湯布院方面へと逃亡の道をたどったようである。

毛利莨《さだむ》の接見

鶴崎の毛利空桑の三男である毛利莨が、二四日に長州藩の「隊長」に接見している。これまでは、父空桑に挙兵が「義挙」か否かを見極めるよう指示され、御許山に行ったといわれてきた。しかし実際には、莨は事件当時、肥後藩預りの別府にいたようである。事件発生後、御許山の動向を探るよう、肥後藩に命じられて宇佐に赴いた。彼は部下ひとりを連れ、二三日黄昏時に立石（現杵築市山香町、御許山の麓）に着いた。間もなく御許山に火の手があがり、立石藩（日出支藩）も人数を繰り出し厳戒態勢をとった。

翌朝彼らは宇佐へ向かい到着したところ、ちょうど長州兵二〇〜三〇人が小銃を手に携え、御許山から下山しているところであった。そこで長州兵に案内を頼み、宿陣所へ行った。すると「隊長（福原か？）は到津《いとうづ》家（宇佐大宮司家）にいる」と聞き、そこへ向かった。到津家に着くと隊長は、島原藩の使者と談合中であったので、しばらく待つことにした。

それが済んで会見に臨み、隊長に対しいくつかの質問をした。まず、昨日二名（佐田と若月）を討ち果たした件を尋ねた。すると隊長は、「わが藩から脱走した者は返し、その他の兵も解散して粗暴なことがないようにせよ、といった。しかし「巨魁」は聞き入れず、やむなく轟秀（佐田秀）を討ち果たし、平野四郎（若月）は切腹させた。下村次郎太は、その間に逃亡した」と回答。次に昨夜御許山を攻撃した件について尋ねた。すると隊長は、「全員を討ち果たすつもりはなく、追い払うだけのつもりだった。しかし、相手が攻撃してきたので余儀なく砲戦をしかけた。今朝片付けのため山に登り、負傷者がいたので収容した」と回答。次にこれまで宇佐郡四日市と周辺の村は、久留米藩の預かりであったが、今後はどうなるのかと尋ねた。これに対し隊長は、「久留米藩からは、全く人数（藩兵）も派遣していない状態なので、しばらくは弊藩（長州藩）が朝廷のため守衛することになろう」と回答。その後もいくつか尋ねようとしたが、「長兵は多忙のよう」だったので、それで接見を終了した。

二四日なので、事件の翌日に接見しているわけである。肥後藩以外にも島原藩（豊後高田に飛地あり）や周辺諸藩が、長州藩と接見している。接見後の報告書の後半部分で毛利莫は、「右長兵之談様一々信用いたしがたきことも奉存候」、すなわち「長州藩兵の話は、いちいち信用できない」と感想を書いている（『天草方面探索方聞取書』）。「長州藩のいうことは、どうも都合がよすぎる」と思ったのだろう。確かにその通りである。長州藩側の談話は、すべて自らの行動を正当化する話ばかりであった。

なお、二三日に佐田が斬殺された会見場に、下村次郎太（御鍬）がいたことを長州の「隊長」ははっきり述べている。下村は、会見の一部始終を目撃したと思われる。後年まで、会見の模様がリアルに伝えられているのは、そのような事情があるからかも知れない。また下村は報国隊士であった（第七章）が、その下村の存在をよく知り得ている様子から、「隊長」は報国隊の元軍監であった福原であったと思われる。

宇佐郡四日市と周辺諸村の支配

西本願寺別院正明寺におかれた長州藩の陣所は、事件後「長州出張所」となった。御許山鎮圧後は、長州藩が幕府領四日市とその周辺の村々を支配することになった。しかし、王政復古のクーデター後とはいえ、これに法的根拠は乏しい。武力による実効支配というべきである。

四日市の長州藩兵（その実態は報国隊）は、二月三日に四日市を去る（『宇佐神宮史史料篇巻十五』）まで、庄屋を召集して説諭を行ったりした。説諭とはおそらく、王政復古となって幕府領は今後、朝廷の支配となる、などの内容ではなかったか。各所にあった高札はそのままにさせていたが、高札の日田代官「窪田治部右衛門」の名は削除させた。また新たに「為天朝守衛地」という高札を建てさせたという。

こうしてみると長州藩は、御許山を占拠して檄文を発した花山院隊にすっかり取って代わったことがわかる。花山院隊は、幕府領を奪って「王地」を宣言したが、いまや長州藩がこれに代わったのである。二月三日、長州藩が四日市を引き上げた後、四日市は再び久留米藩の預かり地に復した。二月になって久留米藩は「筑後出張所」の名で、「ここはもと幕府領であったが、今般王地となり天朝が守衛することになったので、心得違いが無い様に小前（百姓）たちにも申し渡す様に」との触を各庄屋に達している。宇佐郡と四日市はもはや幕府領ではなく、天領（朝廷の領地）であると正式に通達されたのである。『柳ヶ浦町史』はこれを「恐らく長州の引きあげた後であろうが、宇佐郡は実質的に長州藩の管下に入っているのである」「御許山義挙は失敗したが宇佐郡天領（幕領という意味—筆者）が早く天朝守衛地になったということは九州の小藩の帰趨を示すのに大いに役立った。こうして近畿以西はほぼ安定の状態に入っていく」と評価している。重要な指摘である。戊辰戦争がはじまって、ほぼひと月後のことである。

ところで、長州藩兵が引き上げた後、代わって四日市は久留米藩の預かりに復したといった。しかし隣接する中津藩が、この状況下で四日市の管轄に関わってくる。日付は不明だが、長州勢が退いた二月のことである。中津藩の役人が、「京都からの御沙汰」（朝廷の命令）であるとして、白木の箱にはいった文書（中津藩は綸旨《りんじ》（天皇の命令書）という）を四日市に持参し、「四日市付きの村々は、中津藩の守衛地となった」というのである。確かに日田とその周辺は岡・森両藩に、下毛郡の旧幕府領は中津藩に取り締まりの命令が出されている（第四章）。しかし、久留米藩の四日市出張役人は、これが確認できなかったものと思われる。唐突な申し出に久留米藩は驚き、「（四日市管轄の件は）長州藩と久留米藩の連名で、朝廷にお伺い中であるので、引き渡しは出来ない」と回答した。これを聞いて「中津役人」は、「一応引き取った」という（『宇佐神宮史史料篇巻十五』）。後述するが、日田でも天草でも、旧幕府領の支配をめぐって九州諸藩の攻防が繰り広げられた（第四章、第五章）。権力の空白状態、一時的な無政府状態から生じた、九州の幕府領をめぐる混乱があったが、この四日市でも同様な状況がみられたのである。

四日市騒動アホダラ経

御許山事件を風刺した「四日市騒動アホダラ経」（作者不詳、「御許騒動アホダラ経」ともいう）が残されている。アホダラ（阿呆陀羅）経とは、江戸時代中期に乞食坊主が唱えた時事風刺のはやり歌（俗謡）のことである。この俗謡からは、当時の幕府領四日市周辺の社会状況を垣間見ることができる。

四日市のアホダラ経は、「四日市陣屋が焼かれた理由を聞いてくれ」という文句からはじまる。続いて陣屋襲撃事件の概要を語るのだが、その際、花山院隊については「（鳥羽・伏見の戦いに触発されて）むほんを企て、花山院殿お味方申すと、似せ物拵《こしら》へ、太刀や具足を立派にしあげて、長州の名をかり正義を唱え」たという。アホダラ経は、御許山事件が落着したあと作られた。従って、鎮圧軍（長州藩兵）の下した花山院隊への罪状をうけて、このような評価（「似せ物」）になるのは当然であろう。要するに花山院隊は、全くの「偽官軍」であったという。

そのあと、「十年前からこの地域の庄屋たちは、ひとりで物知り顔をして百姓を見下げるいっぽう、年貢を通じて蓄財を重ね、金では大名もおよばない」という。そして「七年前から、百姓は困窮し生活が成り立たないから、願書や連判状を認《したた》め、庄屋を辞めさせなければいけない」と息巻いている。しかし結局、「つまらぬ百姓どもは、庄屋を恐れて何もできない」という。作者は庄屋たちの不正行為と蓄財を批判するのだが、それを追及できないでいる農民についても「つまらぬ百姓」という。ただ、百姓一揆すら起きかねない状況が、四日市周辺の村々にあったことをうかがわせる。

御許山騒動では、四日市陣屋に加え庄屋宅も焼き討ちに遭うが、このとき庄屋が所有する屋敷や金品がすべて失われた。これをみてアホダラ経は、「これには庄屋も仰天」といい、狼狽し逃げ惑う庄屋を惨めに描写している。つまり作者にとっては、蓄財した庄屋が焼き討ちに遭い財産を失うことは、いわば願ってもない事態だったのである。『義挙録』では、「四日市庄屋の焼打ちされたことを、因果観面《いんがてきめん》であると、痛快がっている」と評している。因果覿面とは、「悪事の報いがすぐに眼前にあわられること」をいう。アホダラ経の作者は、庄屋に対して「ざまあみろ」といっているわけである。

そのあとは、焼き討ちに遭った「お東御坊」や町人や百姓の様子、そして長州藩兵に戸惑う中津藩の混乱ぶりを書いて終わっている。結局アホダラ経の作者は、御許山事件の原因を、王政復古から内乱への社会的混乱と幕府領四日市とその周辺の村々の格差の拡大に求めているといえる。百姓の困窮をよそに蓄財に専心する庄屋（村役人）や富豪層が、襲撃されるような事態が、いつか起こると考えていたと思われる。そして花山院隊を構成する多くの地元出身者たちが、蓄財する庄屋や富豪を襲撃した。花山院隊は「似せ物」ではあるが、アホダラ経の作者にとっては、御許山騒動は痛快な出来事であったのだろう。「勤王」「義挙」「討幕」だけにとどまらぬ、御許山騒動の「もうひとつの真相」をこのようなかたちで語っているのである。

これについて『宇佐市史』は、「御許山騒動の勃発とともに宇佐地方にも一種の『お札ふり』的状況が現出したものと推定される」という。「お札ふり」とは、当時、近畿から関東にかけて広がった「ええじゃないか」の乱舞のことを差すと思われる。しかし、もっと広い意味では、「世直し」（世直し一揆においては、しばしば世直し大明神のお札が降る）を待望する状況を指している。少々婉曲な表現ではあるが、民衆の不満が御許山騒動によって幾分放出された、といいたかったのではなかろうか。『義挙録』でアホダラ経を紹介した小野精一は、「（アホダラ経が指摘する社会状況は）兎に角一面の真相を窺ふに足る」と述べている。

「四日市強盗」から「義挙」へ

花山院隊の挙兵は、もともとその庇護者であった長州藩によって鎮圧された。長州藩は首謀者の首級をさらしものにし、その行為を「盗賊の所業」とした。その後、御許山騒動は、地域の人々にとってどのように評価されたのか。

明治三年（一八七〇）正月一四日、四日市陣屋襲撃が行われた日を期して、御許山騒動関係の有志が集まって、三回忌追悼会が宇佐の極楽寺で行われた。このとき追悼された御許山騒動に関連する犠牲者数は、一七名であったという。ただ、御許山騒動の戦闘で一七名もの戦死者が出た記録はない。従ってこの一七名とは、高橋清臣や青木猛比古など、二豊の尊王攘夷運動にすでに殉じた志士たちも含めたものであろう。当時宇佐郡は、日田県管下であったため、日田県知事松方正義の許可を得て行われた。追悼会は滞りなく行われた。この時、犠牲者の石碑が一七基造られた。しかし間もなく、この石碑はことごとく破壊されたという。『義挙録』は、「当時においては四日市あたりの人は志士に対して、好感を持つわけはない。焼き払われたり、殺されたり（したのだから）」という。このような状況は、「戦前昭和のはじめ」まで続いたようだ。

『柳ヶ浦町史』には、「当時の人びとは、御許山義挙の佐田以下の志士を賊と呼んでいた。柳ヶ浦でも戦前昭和の初期にはまだ当時の事を記憶している者が生きていて、『賊の首ざらし』を四日市にみに行ったと、老人がよく話すのを著者もよく聞いた」とある（著者は中野幡能《はたよし》）。もと幕府領宇佐地域の人々にとっても、花山院隊は「賊」なのであった。地元では花山院隊を「四日市強盗」とも呼んだ。長州藩による断罪をそのまま受け入れていたといえよう。

『柳ヶ浦町史』は続けて「御許山騒動は豊前国人には極めて親しまれてきた。明治維新をめぐる豊前人の維新史であるが、その史実が如何なるものであるか、長らく土地の人にも分からず、とくに宇佐郡天領治下の人々には『賊』と呼ばれつづけてきたが、小野龍胆翁（精二）の研究（『義挙録』ほかの研究成果）によりこれが、単なる暴動ではなく、義挙であったことが分かった。大政奉還による申出だけによるあいまいさにあきたらず討幕派の志士たちの憤懣と、もう一つは東九州の小藩が、豊後日田に九州郡代陣屋を有しながら、これを破って、尊王の大義に連合しきれない憤懣が二豊青年志士の蜂起になったと思える」という。

御許山騒動の真相は、『義挙録』によって、はじめて地元宇佐郡、いや大分県民にも明らかにされた。『義挙録』は、現在の私たちにとっても、御許山騒動に関する基本的な文献である。精緻な史料分析がなされ、関連史料も豊富に掲載されている優れた著作である。そして『義挙録』によって、御許山騒動が「単なる暴動ではなく、義挙であった」ことが判明したのである。

ところで『義挙録』の刊行は、昭和一四年（一九三九）のことであった。日中戦争が泥沼化していく時期である。いうまでもなくこの時代（戦争続きの頃）は、「勤王」や「忠義」という徳目が、特に重んじられた。『義挙録』は御許山騒動の真相を明らかにしたが、また勤王に尽くし義挙を敢行した地元の青年たちを「顕彰」するために書かれた著作でもある。昭和初期の御許山騒動の研究と事件の再評価をめぐって、『院内町誌』は次のようにいう。「昭和初期の郷土史には、皇室や有名人と郷土を結びつける郷土自慢的傾向は特に強いのである」と。

【表1】花山院隊事件関係者名簿

	氏名	変名・本名など	年齢	出自	備考
1	花山院家理	前三位中将	二八	公卿	天保一〇年生まれ。慶応四年一月二〇日、周防室積普賢寺で長州藩によって拘束される
2	児島備後	児島長年	四二	赤穂尾崎、百姓	百姓勘五郎三男、沢為量雑掌。花山院擁立の中心人物。慶応四年一月二〇日室積で捕縛後長州藩預かり、獄死（明治二年七月以前）
3	小川潜蔵			秋田藩脱藩士	報国隊士、慶応四年正月一三日捕縛、二〇日筋ヶ浜で斬首
4	桑原範蔵	清原静麻呂（麿） 清原静馬		筑前藩脱藩士	報国隊士、御許山騒動の総裁、御許山で戦死
5	杉山八郎			下関今浦出身	報国隊士
6	若月隼人	平野四郎	二三	萩松本船津出身	長州藩下士、報国隊士、剣術師匠、一六人連れ脱隊御許山へ、慶応四年一月二三日自決
7	櫛屋栄吉		一六か	長門彦島農民	若月の門人
8	北川重四郎	大島捨之助 田村小次郎		もと筑前藩勤王派	筑前藩勤王派弾圧事件（乙丑の変）で野村望東らとともに姫島（現糸島市）に流刑。のち救出され、馬関へ。第一次天草襲撃。報国隊士、花山院擁立グループ。室積で逮捕。明治二年九月、筑前藩に引き渡し

	氏名	変名・本名など	年齢	出自	備考
9	藤林六郎	藤原六郎 小藤四郎	二五	秋月藩脱藩士	馬関グループ総裁、慶応四年一月一三日捕縛、二〇日筋ヶ浜で斬首。天草奪取金四〇〇〇両請け取る
10	畠田虎雄	島田只作 島田唯作 島田忠作		中津藩浪士	第一次天草襲撃、花山院擁立グループ。報国隊。室積で逮捕。明治元年一一月獄死
11	太田包宗	甲斐大隅佐		下毛郡平田村	四日市襲撃、御許山参加。擲の上追放
12	岩男源四郎			宇佐郡佐田村 佐田	御許山参加
13	緒方暢太郎	緒方暢之		宇佐郡佐田村 佐田	報国隊寄食。御許山参加
14	大久保庄助			宇佐郡佐田村 佐田	緒方暢太郎の僕。御許山参加
15	賀来四郎五郎			宇佐郡佐田村 佐田	御許山参加
16	佐田甫			宇佐郡佐田村 佐田	古倉屋主人。御許山参加
17	佐藤雲泉	久井田雲泉		宇佐郡佐田村 久井田	御許山参加
18	大隅良蔵			宇佐郡佐田村 旦尾	御許山参加

19	加藤彦三郎			宇佐郡佐田村旦尾	御許山参加
20	時枝善蔵			宇佐郡佐田村旦尾	神主。御許山参加
21	時枝安平			宇佐郡佐田村旦尾	御許山参加
22	柳瀬喜蔵			宇佐郡佐田村旦尾	御許山参加
23	賀来小太郎			宇佐郡佐田村山蔵	報国隊寄食、佐田秀の和歌門人。御許山参加
24	佐田市郎兵衛			宇佐郡佐田村内川野	御許山参加
25	佐田伊平			宇佐郡佐田村内川野	御許山参加
26	佐田卯七			宇佐郡佐田村内川野	御許山参加
27	佐田内記兵衛	佐田秀 佐田五郎作 轟秀	二九	宇佐郡佐田村内川野	内川野村庄屋。国学者、歌人。報国隊寄食、豊前の中心人物。御許山騒動のリーダー。慶応四年一月二三日斬殺、梟首
28	佐田半三郎			宇佐郡佐田村内川野	御許山参加
29	小野寛斎			宇佐郡中須賀	花山院医師（予定）

	氏名	変名・本名など	年齢	出自	備考
30	下村次郎太	下村御鍬 木下敬太 牧山幸之助	二五	宇佐郡安心院	報国隊士、花山院擁立グループ、御許山参加（宇佐出張所詰）
31	重松義胤				宇佐郡折敷田　酒造業縣屋主人、御許山義挙を支援、木ノ子山事件後、志士を庇護
32	奥並継			宇佐八幡神官	時枝重明の兄、日田入獄、明治元年出獄
33	小山田帯刀	小山田貞夫 山田東一		森藩脱藩士	報国隊寄食、四日市襲撃、御許山参加
34	吉成勘解由	吉成敏夫		宇佐	四日市襲撃
35	加藤龍吉	山口卂太郎 山口良吉 浅井又六 山口兵部	二七	杵築脱藩士、足軽	加藤喜兵衛伜、花山院擁立グループ、萩藩集義隊士、明治二年一〇月杵築藩に引き渡し。のち、イギリス人襲撃犯として刑死（明治四年）
36	木付義路	山本土佐 児(小)島菊之助 大島正甫		森藩脱藩士	馬廻医師杵築雄貞の次男、報国隊寄食、馬関グループ、花山院に山本土佐をもらう、室積で逮捕
37	安東慎哉	斎藤慎哉		国東郡高田田染	安東只右衛門次男
38	島田代五郎			国東郡高田田染	第一次天草襲撃参加

39	宇佐野次郎	矢田宏（弘）	二三	別府村	医師矢田淳倅、咸宜園、第一次天草襲撃、報国隊、花山院擁立グループ中心人物、室積で逮捕。明治二年九月に島原藩に引き渡し。のち、鶴崎に潜伏。西南戦争で中津隊に加わる
40	荒金周平	金周平		別府村	報国隊寄食、御許山で切腹か
41	高橋広太郎	高橋敬一		亀川村里正	
42	江藤新兵衛	江藤作次郎		速見郡並柳村	庄屋溝口国之助支配
43	菊池清彦	宇野司馬平		速見郡高松村	菊池家を嗣ぐ
44	後藤今四郎	碩田今四郎		大分郡乙津村	
45	首藤周三	首藤周蔵 首藤朱太郎		大分郡東稙田村	里正。長三洲らを匿う
46	青木猛彦（比古）	青木武彦		南海部郡下堅田村	国学者、上京して白川神祇伯邸住、京都で暗殺される
47	南省吾	南正次		直入郡拝田村	漢学者、報国隊寄食、御許山に加わる
48	原口兼済			玖珠郡	御許山に加わる
49	長光太郎	長三洲		日田	長梅外の子。奇兵隊士として北越戦争に従軍し、御許山には加わっていない。山口県文書館に三洲の手になる奇兵隊日記がある
50	長春堂	長春洞		日田	三洲の弟、日田で獄死

	氏名	変名・本名など	年齢	出自	備考
51	本田忠蔵	本多忠蔵 本多忠太		肥前島原(大村藩脱藩士か)	第一次天草襲撃
52	結城小太郎	結城下総助	三〇	肥前長崎浪人	大村脱藩士か。長崎在住。長崎・天草の中心人物、四〇〇〇両で兵器購入。香春に向かう途中、筑前松崎で四日市鎮圧の報を得て別働隊を離脱。その後、行方不明
53	児玉幸助	児玉小介 児玉(島)備後介 児島次郎	三〇	もと薩摩藩士	第二次天草富岡陣屋襲撃事件の中心人物。花山院別働隊のリーダー。香春鍋屋騒動で捕らえられ、のち帰藩させられ切腹（明治元年）
54	中村蔵之助	秋月五郎 天野五郎		天草庄屋	庄屋、報国隊寄食、第一次天草襲撃の手引き、馬関で会計係
55	原田次郎	原田余（養）蔵	一八	天草	第二次天草襲撃を手引き、香春鍋屋騒動で殺害される
56	菊池謙蔵			薩摩藩士	第一次天草襲撃を支持、自らは加わっていない、家来の蜂須新之助を襲撃隊に入れる
57	中村愛之助	蜂須新之助		鹿児島町人	菊池謙蔵の下僕。第一次天草襲撃、花山院擁立グループに加わる、報国隊、室積で逮捕、山口で獄死
58	松本大五郎			豊前橋津	報国隊寄食、第一次天草襲撃、御許山参加。西南戦争で中津隊に加わる
59	東木左門			島原脱藩士	報国隊寄食、御許山三番隊長

60	柴田直次郎		二一	肥前松浦	肥前唐津の医者の子ともいう。御許山で重傷、捕えられて斬首のうえ梟首
61	山本與一（与一）	村尾敬助（本名）			安芸（広島）御手洗出身。報国隊脱走。御許山に加わる。のち鶴崎に潜伏、密偵暗殺事件に関わる
62	松浦次郎	松浦八郎			第一次天草襲撃
63	吉見甚三郎				第一次天草襲撃
64	熊蔵	熊五郎		京都町人	児島長年の家来。室積で逮捕
65	尾崎山城		一八	赤穂郷士	児島長年の縁者。花山院付、室積で逮捕
66	佐々木舎人		一二	赤穂郷士	児島長年の縁者。花山院付、尾崎山城弟、室積で逮捕

【氏名のみ判明する者】足立次郎・阿部紋吉・池田小四郎・石田五右衛門・石原正雄・伊藤常太郎・井上藤太・上矢部谷平・川村常太郎・木下松三郎・岸田次郎・草場達造・楠小太郎・楠多文次・楠村運之助・熊本徳造・児島雪庵・小林円三郎・酒井清太郎・沢太郎・下村喜久松・釈一空・菅野五郎・高木忠蔵・瀧甚四郎・田中徳次郎・富田幾太郎・中島勝助・永田亀太郎・西島藤吉・西定之丞・橋本万平・林五郎・原尾和吉・原田三郎・弘中幸太郎・豊後磯平・古塚又市・三浦源之助・森田瀧助・山形光太郎・山形惣吉・吉田栄太郎

＊高木俊輔『明治維新草莽運動史』と『大分県史近代篇Ⅰ』所収の表をベースに、拙著執筆に関わり収集したデータを加えて作成した。

＊香春鍋屋騒動関係者は【表3】参照。

第三章

御許山騒動と周辺諸藩

——杵築《きつき》・日出《ひじ》・中津

花山院隊が起こした御許山騒動は、周辺諸藩に大きな衝撃を与えた。とくに豊前四日市（宇佐郡）と境を接する杵築、日出、中津の諸藩は、厳戒態勢をとった。花山院隊は周辺諸藩にも「勤王」を呼びかける檄を飛ばした。御許山騒動自体は、一〇日ほどで鎮圧され、この事件を理由に「勤王」を表明した藩はない。しかし九州において、各藩を勤王に誘導しようとしていた薩摩藩は、御許山騒動後、二豊各藩を訪問し、「勤王の誓詞」の提出を促している。

ここでは、御許山騒動に直接的影響を受けたと思われる中津、杵築、日出の三藩についてみていきたいと思う。

豊前・豊後の大名配置

九州の幕府領以外の藩領は、外様・譜代の大名領で、新政府成立期は外様が二七藩、譜代が九藩である。面積的にも外様領が圧倒的に大きく、そのうち薩摩藩（鹿児島）・肥後藩（熊本）・肥前藩（佐賀）・筑前藩（福岡）など、いわゆる国持《くにもち》といわれる大藩が勢力を持っていた。譜代は小藩が多く、ほぼ九州の東側に偏っている。豊前・豊後では、府内藩が大給《おぎゅう》松平氏、杵築藩が能見《のうみ》松平氏、中津藩が奥平氏で譜代である。さらに中津藩の北側には小倉藩の小笠原氏、日向北部には延岡藩の内藤氏などが譜代として配置されている。島原藩が九州の西あって例外のようにみえるが、実は島原藩の領地の四〇パーセントは豊前・豊後にあって、決して例外とはいえない。ちょうど九州の東側に譜代をならべ、九州と本州・四国の外様大名の間に壁を築くような格好になっているのである。

大政奉還から王政復古の大号令を経て成立した新政府は、西日本の大名に「勤王」への圧力を強める。鳥羽・伏見の戦いで新政府側が勝利すると、その傾向は一層鮮明になる。京都から東へ向かう新政府軍にとって、西日本はその後背地である。この西日本の諸大名を「勤王」に向かわせ味方につけることは、新政府にとって戊辰戦争勝利のための不可欠の条件であった。こと九州においては、薩摩藩がその役目を担っていた。薩摩藩は藩主島津忠義、「国父」島津久光連名で、九州各藩に対し「勤王の誓詞」の提出を求めた。そのようなときに、御許山騒動は起きている。さらに御許山騒動鎮圧後には、薩摩藩の使者が豊後・豊前の各藩を訪れ、「勤王の誓詞」を求めた。

薩摩藩の「豊後諸藩の藩情」

慶応三年の史料と思われる、薩摩藩の「豊後諸藩ノ藩情及重臣」という史料がある（『鹿児島県史料玉里島津家史料五』）。薩摩藩が、岡（竹田、中川氏）・臼杵（稲葉氏）・佐伯（毛利氏）・府内（大分、大給松平氏）・杵築（能見松平氏）・日出（木下氏）・森（玖珠、久留島氏）の豊後七藩の動静を探って、簡潔にまとめたものである。薩摩藩がこの当時、豊後諸藩の動静に注目していたことが分かる。その内容は、豊後各藩が薩長の討幕派側に加わる可能性について述べているものである。その特徴は単に討幕派か佐幕派かというものではなく、藩によっては肥後藩との関係を論じているものもある。例えば臼杵藩（外様）については、「臼杵藩は、藩境が肥後と接しており、従来からの「私怨」が浅くないので、肥後へ応じることはないとは思うが、半信半疑の藩である」という。藩境というのは、豊後国内にある肥後藩の飛び地（現在は大分市に含まれる鶴崎町や高田手永など）との境界をいう。両藩の間では、臼杵領と肥後領の境界である大野川の氾濫に伴う境目《さいめ》争論《そうろん》が生じた。また府内藩（譜代）については、「府内藩は兼ねて肥後藩と通じていたが、藩の風土が懦弱《だじゃく》（気が弱い、軟弱、無気力）であり、昨今も何の着眼もなく（主体性がない）、ただ幕命を尊奉するだけである」という具合である。この時期、薩摩藩と肥後藩の駆け引きが熾烈だったことを窺わせる。

さて杵築藩については、「この藩はつい最近まで幕吏を勤めていたので、藩の中には俗論が甚だ多いけれども、今は退役している（幕吏を辞めている）。猶また、須田・元田のほか、有志者も少々いると聞いている」という。「幕吏」とは、九代藩主松平親良《ちかよし》が、元治元年から慶応二年まで勤めていた寺社奉行のことをさしているのであろう。そのため杵築藩には「俗論」、すなわち佐幕派が多いという。しかし須田や元田のような「有志」、すなわち勤王派もいるという。史料の末尾には、各藩の「重臣」の名前が列挙（一名から三名）されているが、杵築藩の場合は須田内蔵之丞（蔵之丞）、元田百平、元田直太郎の三人があげられている。このうち元田直太郎には、「当時如閉可然取計奉願度」と注記がある。すなわち、「現在幽閉されているが、然るべく取り計らってほしい」という。当時、勤王派で幽閉されていたといえば、元田直《なおし》のことだと思われる。だからここであげられた「重臣」たちは、今後薩摩藩が接見する必要のある各藩の「重臣」ということなのであろう。

次いで日出藩については、「日出藩はかねてから文学（学問）にも励み、有志の者も少なからずいる。これまで述べてきた諸藩に比べれば、変革しやすいと愚考する。しかし現在、君侯（藩主）は江戸にいるので、有志の者たちは心痛にたえず、藩主のお迎えに江戸に登ったようである」という。確かに日出藩は小藩ながら、帆足万里や脇蘭室のような著名な儒学者を輩出している。また勤王派も多いとみている。帆足万里が、『東潜夫論』で幕府を批判し、尊王論を説いたことはすでに述べた

（第一章）。そのため、「変革」しやすいのだという。この「変革」とは、「勤王藩への変革」を意味すると思われる。日出藩は、薩摩藩から「高い評価」を得ていたことになろう。日出藩の「重臣」には、宇都宮隆太と米良権助があげられている。

譜代の小藩杵築藩

杵築藩（現杵築市および国東市域《くにさき》）は、豊後国国東郡および速見郡《はやみ》の一部を領有した譜代の小藩である。藩主ははじめ小笠原氏であったが、のち能見松平氏《のうみ》となり廃藩置県に至る。寛永九年（一六三二）、はじめて杵築城を居城とする藩主として入部した小笠原忠知《ただとも》（領知高四万石あるいは六万石）は、正保二年（一六四五）、三河国（現愛知県）へ転封となった。代わって同年、能見松平氏の松平英親《ひでちか》とその弟重長《しげなが》・直政《なおまさ》が、三万七〇〇〇石の領知高で入部した。万治二年（一六五九）には、同じ譜代大名である大給松平氏《おぎゅう》が府内城主（現大分市および由布市域）となり、豊後の譜代大名は二家となった。そのため、江戸への参勤に際しては、同時に両藩主が国元を明けないという「御在所交代」（交互に参勤する）という方式をとることとなった。そういう意味でも、幕府にとって杵築と府内の両松平家は、豊後国のみならず、幕府の九州支配における重要な藩屏（防波堤）であった。

江戸後期、文化元年（一八〇四）には、安岐手永《あきてなが》（「手永」は数十か村をまとめた広域行政区）農民の救済を要求する強訴《ごうそ》・逃散《ちょうさん》事件がおこった。これをきっかけに、手永を管轄する大庄屋は退役させられ、手永運営は年番庄屋（交代制）によって行われることとなった。結果、代官や各村の小庄屋の権威が強められた。幕末の嘉永三年（一八五〇）の風水害は、藩財政に大きな打撃となり、藩政の立て直しも失敗におわった。藩権力が弱体化したまま維新変革期に入り、明治四年（一八七一）七月、廃藩置県を迎える。

杵築藩の態度

元治元年（一八六四）の第一次長州征討では、杵築藩に長州藩江戸屋敷受け取り命令がでた。杵築藩はこれを受け取り、長州藩邸内にあった祖霊廟（歴代藩主の霊を祀る社）を焼いたといわれる。ただ、第一次長州征討は、長州藩が幕府に恭順の態度を示したため、軍事衝突は避けられた。

慶応二年（一八六六）の第二次長州征討では、譜代であった杵築藩は、六月に小倉へ出兵している。この時の杵築藩兵の規模や構成は、詳しく分かってはいないが、杵築藩は九州諸藩とともに長州藩と戦火を交えた。しかし小倉戦争では長州勢が有利に戦いを展開し、幕府軍は総崩れとなり、小倉城は焼失した（小倉藩兵による自焼）。杵築藩も退却したが、杵築城下では、「先の第一次長州征討の時に長州藩江戸屋敷の祖霊廟を焼いたので、長州藩兵が杵築城下を襲撃する」との流言が飛び交った。このため杵築藩は、士分で一五歳以上の男子は籠城して防御にあたる決定がなされた。

この第二次長州征討後においても、二豊の小藩は態度（佐幕か勤王か）を決めかねていた。幕府の権威は地に落ちたとはいえ、その軍事力はやはり強大で、対する朝廷の力には不安があった。いや九州の大藩である肥後藩（熊本）や筑前藩（福岡）なども同様であった。特に杵築藩は、能見松平氏として徳川譜代の中でも古参株であった。小藩ながら、幕府の要職に就くことも多かった。九代藩主である松平親良は、元治元年から慶応二年にまで、寺社奉行を務めていたのである。

慶応三年一〇月一四日、一五代将軍徳川慶喜は大政奉還の上表文を朝廷に提出した。朝廷側（薩長）は、討幕の密勅を封じられ、討幕の口実を一時失った。朝廷は大名たちの上京を命じたが、この段階でこれに応じる藩はほとんどなかった。二豊の大名の中で、王政復古（一二月九日）の前に上京に踏み切ったのは、森藩の久留島通靖だけであった（一一月二四日に森を出発）。二豊の諸藩の多くは、小藩であるが故に態度を決めかね藩論が二分した。一二月九日、王政復古の大号令が発せられたが、杵築藩は未だに態度を決しかねていた（隣の日出藩は、王政復古後に江戸藩邸から上京している）。この間、藩の態度に業を煮やして、脱藩した杵築藩士も多い。加藤龍吉のように、脱藩して花山院隊に加わった杵築藩士もいる。その二豊の諸藩、いや九州諸藩に衝撃を与えたのは、やはり慶応四年（一八六八）一月三日の鳥羽・伏見の戦いと幕府軍の敗北であった。

御許山騒動と杵築藩の対応

しかし、鳥羽・伏見の戦い後も杵築藩は、譜代であるが故に動こうとはしなかった。杵築藩の態度が決するのは、一月一四日に起こった御許山騒動後だといわれる。この事件とその結末をきっかけに、杵築藩も勤王に傾いた。

『杵築市誌』によれば杵築藩は、鳥羽・伏見の戦いでの幕府軍の敗北を花山院隊が御許山から発した檄文によって知ったのだという。ただ、御許山事件に対する杵築藩の対応は慎重だった。杵築藩はまず、城下から一里のところまで出兵し防御を固めた。また竹田津（現国東市）、山香（現杵築市山香町）方面も厳重に警備させた。

その後杵築藩へは、御許山から天野四郎と池田小次郎と名乗る使者が檄文を携え談判に現れた（日出藩へ御許山の使者が来たのは一九日夕刻であるから、同じ頃と思われる）。杵築藩では村上藤右衛門や三浦多一郎らが、八坂の千光寺で天野と池田のふたりと会見した。同席した須田蔵之丞は会見後、「真の奇兵隊ではないから、軍資を給するは、見合わせるが良い」と主張したという（『義挙録』）。須田は、御許山の花山院隊が長州藩の正規兵ではないと判断した。

さらに、杵築藩内において勤王を主張していた元田直《なおし》（読みは「すなお」とも）を御許山に派遣し、花山院隊に接触させている。実はこの時、元田は勤王を唱えていたがゆえに幽閉中であった。しかし花山院隊が、花山院と長州藩を後ろ盾にして、檄文で勤王を要求しているため、元田が選ばれたと思われる。元田の懐古録（「杵築藩維新前後の形勢及元田君の実歴」）によれば、杵築藩は元田に「杵築藩は佐幕でなく勤王藩であるから、杵築へ来て乱暴しないよう」に伝えよ、と命じたという。

元田は一月二二日に門人を一人連れて御許山に登っている。御許山に登ると早速、花山院隊の警《けい》邏《ら》の兵士が元田を迎えた。「杵築藩の元田である」というと、「かねて待っておった」として丁寧に遇された。この時元田は、桑原範蔵（御許山の花山院隊の首領格）と会見したという。元田は御許山の僧坊に一泊して状況を確かめ、翌日（二三日）には下山した。しかし、下山途中に銃声が聞こえ、その後御許山の「激徒」は鎮圧された。元田は、危ういところで「虎口を逃れまして」と語っている。元田が把握した情報は、肥後藩の鶴崎番代大河原次郎九郎へも伝えられた。そしてその後、事件が落着するまで、杵築藩は動静をじっと見守ることになる。

杵築藩の態度決定

また杵築藩は、御許山騒動の件を京都へも伝えている。一月一九日に杵築を発した飛脚は、二四日には大坂を経て京都に着いた。早速杵築藩士荻原国作（国蔵とも）は、事件の概要と処置を新府の役人を通じて「征討将軍様」に伝えた。この征討大将軍とは、鳥羽・伏見の戦いに際して新政府が設置した臨時の官職で、仁和寺宮嘉彰親王（後の小松宮嘉彰親王）が命じられた（同月二八日には廃官となり東征大総督に代わった）。このとき征討大将軍は、御許山騒動を「乱妨の所業」といい、「早々に討取」ように命じたという（二五日のこと。この時、御許山騒動はすでに鎮圧されている）。その理由として「花山院家にはご老体か幼少の者しかおらず、左様な出張などはできないはずだから、甚だあやしい話である」と判断されたという（『日田御役所』）。御許山鎮圧の理由としては、いささか希薄な感じがするが、花山院はすでに二〇日に拘束されているから、その情報はすでに京都には伝わっていたと思われる。その上での判断だったのであろう。

さてその後、杵築藩が朝廷に従う決定をして、藩主松平親良《ちかよし》に代わり国許にいた嫡子松平親貴《ちかたか》を上京させたのが一月二八日である。御許山鎮圧後、五日目である。親貴はこの日杵築を出発し、二月一二日に京都に着き、一六日に朝廷に伺候した。三月下旬には藩主親良も上京し、正式に朝廷への恭順を表明した。杵築藩は御許山騒動に対し、かなり慎重に対応し事なきをえたが、この事件はやがて杵築藩を勤王に傾ける動機ともなった。

日出藩の動向と事件への対応

御許山に楯籠もった花山院隊が、檄文を直接手渡したのは中津・杵築・日出、それに日出藩の支藩立石《たていし》藩（五〇〇〇石）の四藩であった。次に日出藩（現速見郡日出町域）の動静をみておきたい。

日出藩木下家は、豊臣秀吉の正室北政所《きたのまんどころ》（をね）の兄、木下家定の三男延俊《のぶとし》を藩祖とする外様大名である。石高ははじめ三万石であったが、延俊の没後、立石五〇〇〇石（立石支藩）を分封したので、二万五〇〇〇石となった（立石は現杵築市山香町の一部）。

慶応三年春、藩主木下俊程《としのり》が江戸屋敷で病に倒れ、弟が一六代藩主となった。木下俊愿《としまさ》が、最後の藩主である。同年一〇月、大政奉還が行われると、朝廷はまず一〇万石以上の大名に上京を命じた。次いで二一日は、一〇万石以下の大名にも上京を命じた。しかし、幕府に忠誠を尽くそうとする大名たちは、病気中などの様々な理由を仕立て上京しなかった。俊愿もまたはじめは、病気を理由に上京に応じなかった。しかし一二月一五日になって俊愿は、江戸を発って京都へ向かった。京都に到着したのは、一月一三日であった。二豊の藩主の中では、森藩の久留島通靖についで二番目に早い対応であった。俊愿を上京に踏み切らせたのは、徳川家に滅ぼされた豊臣家恩顧の大名であったこと、俊愿の実兄で清末藩主毛利元純《もとずみ》の働きかけによるものとされる。清末藩（現下関市の一部、一万石）は、長州藩の支藩長府藩のさらに支藩で、元純はしばしば長州藩主毛利敬親の名代を務めた。

鳥羽・伏見の戦いで、幕府軍敗北の報が日出藩に届いたのは、一月一四日であった。翌一五日未明には、御許山騒動の報が支藩である立石領木下家からもたらされた。しかしはじめは、この事件が浮浪の徒の仕業か、長州藩兵によるものかはっきりしなかった。日出藩では、御許山麓の日出藩領山浦村（現杵築市山香町）に探索方を派遣して情報収集に努めた。一九日には、「（一七日に）日田郡代の窪田治部右衛門が逃亡し、森藩兵が日田を占拠した」ことが伝わった。同日の夕刻には、御許山の花山院隊の使者が日出藩を訪れ、檄文を手渡し援助を申し入れた。日出藩ではその対応に苦慮し、京都滞在中である藩主俊愿に帰国を促す使者を送った。しかし、しばらくは情勢を見守るほかなかった。その後二〇日、宇島に長州藩兵が上陸したとの情報が伝わり、日出藩が山浦村へ藩兵二〇名ほど（騎士六名と歩卒）を派出した（二五日）。このときすでに、御許山の花山院隊は鎮圧されたあとだった。

京都にいる俊愿に、御許山騒動の知らせが届いたのは、二月一日であったという。さきの杵築藩の例（一月二四日には情報が京都に届いている）をみると、かなり遅く感じる。従ってこれは、御許山鎮圧の知らせだったとも思われる。いずれにせよ俊愿は、この事件を理由に国許への帰還を願い出ている。許されて日出に帰ったのが、二月一九日であった。

日出藩は、御許山騒動の前に藩主が上京していた。つまり、すでに勤王に傾いていた。したがって、中津・杵築両藩にくらべると、御許山騒動が日出藩に与えた影響は小さかったかも知れない。しかし事件の発生を受けて、藩主が急ぎ帰国している。早く上京はしたものの、戊辰戦争への対応に苦慮した小藩にとって、御許山騒動は京都を離れる絶好の口実になったかも知れない。

なお、日出藩の支藩である立石藩は、実は御許山の麓で地理的には最も近い。五〇〇〇石の小藩であったことと御許山の麓であったから、その衝撃はひとしおであったにちがいない。立石藩は、とりあえず本藩日出藩との連絡を密にした。ただ立石藩が、自らの意志で何らかの動きを見せることはなかった。

薩摩藩の使者来藩

藩主俊愿が国許に着く前日の二月一八日、薩摩藩の側頭取園田彦左衛門と側目付久保田新治郎の二名が、薩摩藩主島津忠義の使者として日出藩を訪れた。使者は豊後・豊前各藩をまわり、勤王への勧誘と「勤王の誓詞」の提出を求めるための使者だった。すでに豊後の岡藩（竹田）、佐伯藩、臼杵藩、府内藩を経て日出藩へ来たのであった。この時、未だ藩主不在のため、重臣の帆足蔵人と宮崎直記の二人が対応した。そして次のような内容の「誓詞」を提出した。

薩摩中将様（島津久光）からの御布告文（実際には布告文は久光・忠義連名）をいただきました。鐓次郎《たいじろう》（藩主木下俊愿）が留守中のため、私どもが拝見致しましたが、いちいち感銘致しました。幣藩は先代藩主以来、勤王の志を抱いて参りましたが、小藩でもあり、また去る亥年から幕府所に留め置かれたため、長い間江戸におりました。（中略）去る卯年（昨年）の冬、天下一新、王政復古となり、早速上京すべきところ、鐓次郎が病気となり少々遅れましたが、赤心報国のため今春上京しました。ところが先月、近境の馬城峯《まきみね》（御許山）へ浮浪の者どもが屯集する事件があり、藩内の民心も動揺したため、鎮静のため帰国伺いを出しましたところ、本月五日に許しが出て帰国の途についております。もちろん、藩主はじめ藩論においても勤王に同心のことは、まず私どもがお請け致します。このことは、よろしくお執り成しをお頼み申します。

慶応四年二月一八日　木下鐵次郎家臣
帆足蔵人通去
宮崎直記敬之

この日出藩のこの文書は、そのまま「勤王の誓詞」として取り扱われた(『鹿児島県史料』)。続いて薩摩藩の使者は、翌一九日には杵築藩を訪ねた。その後使者は、中津、香春、森藩の各藩を訪れ、同様に「勤王の誓詞」の提出を求めた。これら九州諸藩から集めた誓詞は、四月五日、薩摩藩主島津忠義からまとめて朝廷に提出された。

鳥羽・伏見の戦い後、御許山騒動を経て、二豊の諸藩は一斉に勤王になびいた。御許山騒動や富岡陣屋襲撃は小さな事件だったかもしれない。しかし薩摩藩は、二豊をはじめとする九州幕府領の混乱に乗じながら、九州諸藩の勤王への地固めを行っていたのである。

譜代の名門中津藩

江戸時代、中津藩は黒田氏、細川氏、小笠原氏と領主が代わったが、幕末維新期の中津藩の領主は、奥平氏であった。奥平氏が入部する前、小笠原氏が、失政、乱行、世嗣断絶など理由で改易(取り潰し)された。

享保二年(一七一七)、譜代であった奥平昌成《まさしげ》が、丹後宮津(現京都府)から中津藩一〇万石に入部する。この後、九代一五五年間、明治四年（一八七一）の廃藩置県まで奥平氏の治世が続く。奥平一〇万石は、小藩分立の大分県の中では、最大の石高であった。その領知構成は、豊前上毛郡《こうげ》（現福岡県）一九か村七〇八九石、下毛郡《しもげ》（現大分県）六一か村二万四一四四石、宇佐郡八四か村三万八四一石であった。そのほか、筑前国怡土郡《いと》（現福岡県糸島市）二九か村一万七九〇八石、さらに備後国甲怒《こうぬ》、神石《じんせき》、安那《やすな》の三郡（現広島県）に三六か村二万一五石を有した。このように中津藩の領地は、大分、福岡、広島の三県にまたがっていて、各地の石高の総計がほぼ一〇万石となる。大きく離れた三地域に領地があるため、中津の「三御領」ともいわれた。

中津藩の対応

中津藩の城下は、宇佐の四日市陣屋の北西に位置する。四日市の陣屋からは、距離にして一五キロメートル程しかない。中津藩は、事件の現場である宇佐の四日市陣屋や御許山に最も近い（厳密にいえば御許山に最も近いのは、日出藩の支藩である立石支藩）。その中津藩に四日市陣屋から、事件の第一報がもたらされたのは、事件翌日の正月一五日であった。内容は次の様なものであった。

昨夜浪士六〇余人、中須賀乙女浦より上陸し、直ちに四日市代官所を襲い、役人を追い払い役所を焼き、さらに東本願寺別院および庄屋渡辺某の邸を焼き、自分たちは長州の兵にして花山院の命によるものなりと称して、器具（兵器）や食糧を奪い取り、御許山に楯籠もった報告を得た中津藩は、事件は尊王攘夷派の一団が引き起こしたものと判断した。とすれば、徳川家譜代の中津藩とは敵対する関係となり、中津城下に攻め入る可能性もある。中津藩は城下六ヶ所の門の警備を強化し、厳戒体制を整えた。そうこうしているうちに、次の様な第二報がもたらされた。「一四日《（ママ）》午前一〇時前、長州人とみられる者たちが川部村の庄屋方に来て、それから江島庄屋方、中須賀庄屋方に来て、各庄屋に一五人分の昼食を用意するよう依頼した。それから米三〇俵ばかりを御許山の陣所に運びたいから、人夫を差し出してもらいたいという。それでこれに応じて人夫を出した。彼らは昼食が終わり次第、四日市へ行き、それから御許山に引き取ることを申し合わせていた。なお一団の総人数は、一七〇から一八〇人ばかりである様な話をしていた。大将は、長州の報国隊の平野四郎という武士で、年齢は二〜三〇歳くらいと思われる」と。しだいに花山院隊の構成や彼らの支配地（幕府領四日市とその周辺）の様子がわかってきた。ただし、人数はかなり過大に報告されている。なお、川部、江島、中須賀の各村は、宇佐郡内の幕府領で四日市陣屋の支配地域である。四日市の幕府領全体を、花山院隊が一時実効支配した。

第二報を受けた中津藩は自藩領防衛のため、牟礼源太郎らが率いる藩兵二個部隊（人数の詳細は不明）を宇佐郡笠松村に派遣した。この笠松村は中津藩領で、東側の時枝小笠原領（旗本小笠原氏の所領五〇〇〇石）との境界の村である。いうまでもないが、江戸時代は他領に断り無く藩兵を派遣することは出来ない。ましてや中津藩が、幕府領である四日市（時枝領の東側にあたる。中津藩領と幕府領の間に時枝領が挟まれる位置関係）に出兵することはできない。出来るとすれば、日田の西国筋郡代の許しを得てからである。中津藩は、自領防衛の最低限の軍事行動として、笠松村に待機したのである。

いっぽうこの日（一五日）には、「勤王のための義挙に味方せよ」という、花山院隊の檄文が中津藩にも届いている。しかし中津藩は、藩主奥平昌服《まさもと》以下、その檄文にすぐに応じることは出来なかった。それは優柔不断というより、いまだ花山院隊の実態を正確に把握するには情報不足であったためであろう。そして何より中津藩が注視したのは、小倉戦争に勝利して豊前企救郡（旧小倉藩領）を支配している長州藩の動向であった。企救《きく》郡は、中津藩の目と鼻の先である。すでに戊辰戦争がはじまっており、初戦ともいうべき鳥羽・伏見の戦いに勝利した長州藩の動向は、中津藩の態度決定のための重要な要素となっていた。翌一六日、花山院隊は中須賀村の幕府の倉庫を襲撃し、年貢米を奪い取って御許山に引きあげた。中津藩は、さらに事態を静観するしかなかった。このころ、義挙に応じるかどうか、藩論は紛糾し終日論じても結論を出すことはできなかった。実は中津藩は、御許山の花山院隊が長州藩兵なのかどうかを問い合わせる使者を直接長州へ送っている。ただ、次に述べるようにその使者が帰還する前に長州藩兵が宇島に上陸した。

長州藩兵の登場

慶応四年（一八六八）正月二〇日、福原往弥《いくや》（和勝）・野村右仲《うちゅう》（素介、また山口覚之助とも）ら率いる一〇〇名余の長州藩兵（長府藩の報国隊一小隊と長州藩兵一小隊）が宇島《うのしま》に上陸した。中津藩は極度に緊張したが、長州藩兵の自領通行にともなう衝突を回避するため、静観する態度をとった。この日中津藩は、「長州の武家、本日宇ノ島へ着船、宇佐方面へ御通行の筋は、決して見物に出てはならない」との触を出している。長州藩兵を黙って通行させ、見過ごすという方針である。

長州藩兵は、宇島から中津藩領上毛郡《こうげ》（現福岡県）を通過し、下毛郡《しもげ》高瀬村（現中津市）を経て四日市（現宇佐市）に入った。このとき長州藩兵が、中津藩に対し藩領通行許可を要請している様子はない。それどころか長州藩兵は、中津通過に際して中津藩に対し、「賊徒討伐に来たが、大砲二門を借用したい」と申し出た。中津藩は動揺した。長州の要求を断ることも出来た。相手はたかだか一〇〇名ほどの小隊である。しかし中津藩は、結局長州藩兵の要求に応じ、砲手を添えて大砲を供与した。事を構えれば、目の前の小事では済まない。長州藩と中津藩、両藩の力の差は歴然としていたし、長州藩は小倉戦争の勝利以来、勢いに乗っていた。

同じ二〇日には、中津藩の防衛の最前線である笠松村（中津藩領）でもこんな事が起きていた。長州藩兵が宇島に上陸した、またはこれから上陸するという情報を花山院隊は得ていたものか、花山院隊の一団（人数は不詳）が中津藩兵の前を通過しようとする。このとき花山院隊は隊列を組み、太鼓を鳴らしながら通行していた。無断で通行しようとするので中津藩兵は、「貴公らは何のために、どこに行こうとしてるのか」と尋ねた。すると花山院隊は、「長州に下っておられる京都の公家花山院様を迎えに行くところだ」という。花山院隊はこの時、長州藩兵の到着を花山院の到着と思っていたらしい。その場にいた中津藩目付役の三輪彦八は、「断りもなく中津藩領を通過するのは無礼である」として、花山院隊を討ち取ろうとした。しかし花山院隊の正体もまだ充分判明していないため、周囲の中津藩士が三輪をなんとか抑えたという。中津藩が、長州藩を極度に恐れていた事をしめすエピソードである。それはさきに紹介した、杵築藩もまた同様であった。

中津藩の態度決定

『中津市史』によれば、正月二一日に藩主から藩士に対し、次の様な通達がなされている。「(藩士)一統承知の通り、わが奥平家の家筋は、徳川将軍家のご高恩を忘れてはならないが、昨今の形勢になった以上は、朝敵の名を受ける様なことがあってはならず、以後は勤王の志を尽くす存念であるから、藩士すべてその様に心得て勉励せよ」と。

次いで中津藩領の村々に、戊辰戦争に対する藩の態度が正式に伝えられたのは、御許山騒動も決着した慶応四年一月二八日のことであった。藩士一同に城内で申し渡しがなされた七日後である。

一、壱拾組へ左の通り御触書御渡し

現在のご時勢においては、(中津の殿様が)特に朝廷へご尽力なさるのは、いうまでもないことである。(このことは)末々(下々)に至るまで心得違いが無いようにせよ。右のことは、すべての寺社へも伝えよ。(「中津藩代官日記」)

このような中津藩の態度(藩是)は、どのようにして決定したのであろうか。ひとつは、京都をはじめとする政局の見極めである。慶応三年の大政奉還、王政復古の大号令をへて、翌年正月の鳥羽・伏見の戦い(薩長土軍の勝利)によって、「藩の進退は容易ならざることになった」。そこで中津藩は、大目付古宇田与九郎を京都に派遣した。古宇田は、京都藩邸の留守居藤井基の助力を得て調査をはじめた。ここで彼らは、「討幕」の大勢はすでに決し、東征軍も東海道の半ばに達している。今や「徳川家の義理は義理として当面の急務は十万石の安泰を計ることである。それにはまず藩主を朝廷に伺候させせねばならぬ」と評議一決した。古宇田は急ぎ江戸に戻り江戸詰重役を説得し、藩主の「京都伺候」が決定されたという（『中津市史』）。ただし、この決定が何日だったかは不明である。

右の様な藩是決定の時期と重ねって、国許中津では御許山騒動への対処に苦慮していた。ただ中津藩は、御許山騒動の最中に、勤王の志を示し朝廷に従う決定を行っていたことになる。藩是が通達された正月二一日は、御許山を鎮圧する長州藩兵が宇島に上陸した翌日で、中津城下を通過した日である。中津藩は、御許山騒動の最中に重大な決定を行っていたことになる。とすれば、京都における政局に加え、御許山騒動も中津藩に大きな影響を与えたのではないだろうか。国許において、藩主の「京都伺候」＝「勤王」への異論が出た形跡はないが、長州藩とも対峙する状況（長州藩は小倉戦争後、豊前国企救《きく》郡を実効支配している）の中津藩としては、「勤王」の態度決定によって、長州藩との衝突を回避できるのである。

病気（口実か）の藩主奥平昌服《まさもと》とに代わって、昌邁《まさゆき》が江戸を出て参内し、朝廷への恭順を正式に表明するのは三月二〇日のことである。中津藩の態度は、薩長の新政権に抗するものではなかったが、決して勤王に積極的でもなかった。しかし、京都における政局と一連の御許山騒動が、中津藩の藩是決定の決定的な要因となった。そして結果的には、長州藩の思惑通りになったといえるのである。

長州藩兵の中津宿泊

御許山騒動の終結後、長州藩兵はしばらく宇佐四日市に滞陣していた。二月になって、長州藩兵は四日市を去り、再び中津藩領を通過し宇島方面に引き上げた。その際、長州藩兵は中津城下で宿泊している。中津藩の記録では「長州山口覚之助（野村右仲）様、上下三人、馬一匹右宿茗荷《みょうが》屋伊之助。佐藤弥兵衛様、佐間正之助様右江本屋利兵衛右之外御人数明蓮寺へ御宿仰せ付けられ候。是は四日市お引き払いになり候につき、御一宿されました二月朔日」とある。長州藩兵は、二月三日四日市をすべて引き払ったというから、この日付が正しければ野村らの一隊は、さきに四日市を離れたものと思われる。

これに先立ち、中津藩では次の様な触をだしている。「近々、長州の御人数が、四日市を引き払いになるようなので、中津藩領を通過される場合、または宿泊される場合は、失礼の無い様兼ねてから申し触れておく」と。『義挙録』はこれを、中津藩による長州藩兵の「饗応」だという。そして野村右仲以下の長州藩兵は、これに応じた。そしてこの事は、「中津藩が謝罪的に饗宴を催したとは、少々児戯に似ていると世人の冷笑を受けていた」という。中津藩は、勢いに乗る長州藩に無言のまま屈した。

事件当初、御許山へ鎮圧に向かう長州藩兵を、中津藩は緊張の中に見送った。また要求に応じて、大砲などの武器も供与した。しかしこれは、決して中津藩の本意ではなかったはずである。いや中津藩にとって、長州藩兵の態度は横暴であった。だが事件終結後、「長州藩に失礼の無い様に」と触れて饗応している。この対応もまた、中津藩の本意ではなかったし、屈辱であったと思われる。

しかしいずれにしても、御許山騒動後、中津藩の態度は「勤王」に決定した。

三藩の「勤王の誓詞」

九州諸藩の中で、最も早く「勤王の誓詞」を薩摩藩主に提出したのは、飫肥《おび》藩（現宮崎県日南市）で正月二九日のことである。そのほかの九州諸藩は、概ね二月中に「誓詞」を提出している（『鹿児島県史料』。なお、肥後熊本藩、肥前佐賀藩は日付がない）。

この章で詳しくみた三藩のうち、最も提出が早いのが日出藩の一月一八日である。その誓詞はすでに紹介した。一月一九日に杵築藩も誓詞を提出している。日出藩に続いて杵築を訪れた薩摩藩の使者、園田・久保田両名にあてて、藩主不在（在江戸）を理由に、「国許老臣」坂西武兵衛・中根源右衛門連名の誓詞である。中津藩の誓詞の日付は、二月二一日である。藩論が一月二〇日に決したことは、すでに述べた。その誓詞の文言は、簡便で次のようなものである。

今般の御布告の旨趣を謹んで畏み奉り候。国家（中津藩）の力を尽くし、勤王つかまつる存念でございますので、万端お頼み申し上げます。この段（勤王のこと）、お請け致します、以上。

奥平大膳大夫源昌服（中津藩主）

慶応四年二月廿一（二一）日

島津中将殿

「今般の御布告」というのは、島津忠義（島津藩主。少将）・島津久光（藩主忠義の父、「国父」とよばれた。中将）による「檄」（勤王の呼びかけ）をさす。それに応じて中津藩は、「勤王の誓約書」を出したわけである。こうして、御許山騒動で揺れた周辺三藩も、勤王を誓うことになった。

御許山騒動と長州藩による武力鎮圧、その後訪れた勤王を促す薩摩藩の使者訪問。このような過程を経ながら、二豊諸藩は勤王を誓う。もちろん、鳥羽・伏見の戦いの結果と中央政局の動向が、九州諸藩が勤王へ動く決定的な動機であったろう。しかしながら戊辰戦争中の九州では、これまで述べてきたような事態が進行していたのである。

第四章

花山院隊事件と九州

——幕府領　日田

幕府が開かれて以来、九州の幕府領を管轄するために日田に代官所がおかれた。のちに西国筋郡代とよばれるようになるが、九州の幕府領一六万石余（幕末には二〇万石近く。諸藩預り地を含む）を日田代官が治めた。日田の代官所と長崎の長崎奉行所は、九州支配の要であり両輪であった。二豊の尊王攘夷派の志士たちは、この日田を抑えれば、幕府の九州支配が瓦解すると考えた。そのため彼らの挙兵計画は、常に日田代官所の襲撃と占拠が目的としてあげられていた。

その日田代官所は、天草の富岡陣屋襲撃事件と御許山騒動に揺さぶられ、御許山騒動直後に日田代官は逃亡する。その数日前に長崎奉行も逃亡しており、これで九州の幕府領には権力の空白状態が生じる。すると周辺諸藩に加え、薩摩藩までもが日田に入り込んできた。日田では緊張がみなぎり、街は一時大混乱状態に陥ることになる。

西国筋郡代《さいごくすじぐんだい》（日田代官）による九州支配

徳川幕府は、比較的広域の幕府領に郡代を配置した。江戸時代中期以降、関東・美濃・西国・飛《ひ》驒《だ》の四郡代がおかれた。このうち、九州（西国）の幕府領を管轄するために豊後国日田に西国筋郡代がおかれた。幕府領の行政、民政、徴税などをつかさどるのが日田代官（郡代）で、江戸から幕臣（旗本）が代官として派遣された。西国筋郡代が所轄する九州の幕府領は、一六万石余におよび（幕末には預地を含め二〇万石弱）、四つの郡代の中では、二番目の規模であった。日田は九州のほぼ中央にあって、周囲には島津氏（薩摩）、細川氏（肥後）、黒田氏（筑前）、鍋島氏（肥前）などの外様雄藩（いわゆる国持《くにもち》大名）がいて、支配の難しい地域でもあった。その任務は、長崎奉行と協力して九州諸藩の動静を監視することであった。

豊後国をはじめ、九州各地の幕府領は、はじめ隣接する諸藩の預り地という扱いであった。しかし、天草・島原の乱が鎮圧された寛永一六年（一六三九）を境に幕府が派遣した代官によって本格的に支配されることになった。寛永一六年、日田に代官所（永山布政所ともいう）が置かれると【写真3】、九州の幕府領はすべて日田代官の支配下に置かれることになった。こうして日田は、幕府の九州支配の要となった。

【写真3】日田代官所跡（永山布政所跡）大分県デジタルーアカイブ

加えて日田には、日田金《ひたがね》と呼ばれる金融資本が蓄積された。日田は九州のほぼ中央にあって、筑後川の上流に位置した。そのため交通の要衝で、地方産業の中心地でもあった。この地の利を生かして次第に資本蓄積がすすみ、富裕層の中には、いわゆる大《だい》名貸《みょうがし》（大名相手の高利貸し）を行う掛屋《かけや》（金融業者）があらわれた。例えば丸屋千原《ちはら》家、博多屋広瀬家などである。大名貸の場合、日田代官が関与したため、貸付金の不払いなどが生じにくく、堅実な金融業を営むことができた。その金利も、年利一二〜一八パーセントの高金利だったという。また日田代官所の公金も、一部原資として利用されるという強みもあった。日田金は、大坂、博多、長崎などの大都市にも流入し、日田は九州の金融の中心地となった。

長崎には長崎奉行と長崎代官がおり、その他の幕府領は西国筋郡代が、九州各国に散在する幕府領の行政・収税・司法・民政その他一切を所管していた。幕末期、最後の日田代官となった窪田治部右衛門《くぼたじぶえもん》当時の「九州筋御料所」（九州の幕府領）の内訳は【表2】の通りである。幕府領の総石高は二〇万石近くに及び、このうち日田代官の直接支配所（直轄地）が約一〇万石、その他は九州各藩の預り地となっていた。九州の幕府領以外の藩領は、外様が二七藩、譜代が九藩で外様が圧倒的に多い。外様では薩摩・肥後・肥前・筑前などの大藩が勢力をはっていた。譜代は小藩が多く、主に豊前国・豊後国・日向国など、九州の東部に分布していた。

【表2】九州の幕府領と諸藩預地

所管者	石高	主な国郡
窪田治部右衛門支配所	九万九四八八	豊後（日田・玖珠・直入・国東）、豊前（下毛）、肥前（松浦）、肥後（天草・八代）
細川越中守預所	一万五〇〇〇	豊後（速見・大分）
有馬中務大輔預所	二万二〇九九	豊前（宇佐）
内藤備後守預所	九四六三	
秋月長門守預所	八八七二	日向（臼杵・諸県・宮崎・那珂・児湯のうち）
伊東左京大夫預所	八七四一	
相良越中守預所	四〇	日向国内

松平美濃守預所	一三二〇	肥前（彼杵）
松平主殿頭預所	一万五二三三	肥前（松浦）
立花飛騨守預所	一万	筑後（三池）
高木作右衛門支配所	七四四四	肥前（彼杵・高来・松浦）

合計一九万七六九九

＊出典：『長崎県記』＊石以下は四捨五入した。

窪田治部右衛門着任

最後の西国筋郡代（日田代官）となる窪田治部右衛門鎮勝《しげかつ》が着任したのは、元治元年（一八六四）三月のことだった。もちろんこの時、窪田自身は自らが最後の郡代となることは知るよしもなかった。彼の身分はもちろん旗本であるが、その出自は少々特異である。

窪田治部右衛門は文化五年（一八〇八）、肥後藩家老溝口家の家臣、江口秀種の子として生まれた。父秀種は、肥後藩の柔術師範を務めたという。秀種の父は幕臣で、川路聖謨《としあきら》とも縁戚関係にあったという。江口家は陪臣《ばいしん》（細川家の家臣である溝口家の家臣）ではあるが、もとは戦国期に南筑後に勢力を持った蒲池《かまち》氏の流れをくむ家系だという。

治部右衛門は幼少の頃、罪を犯し（殺人ともいう）江戸に逃れた。父方の幕臣の斡旋などもあって、旗本窪田家の名跡を継ぎ、窪田鎮勝（治部右衛門は通称）と名乗った。体格も良く武術に優れ、特に馬術や槍術に秀でたという。

西国筋郡代に就任した窪田治部右衛門は、元治元年（一八六四）三月三日、幕府領宇佐郡中須賀

（現大分県宇佐市）に上陸した。三月六日には、四日市陣屋で宇佐郡内の庄屋たちから就任の挨拶を受けた。三月八日、日田豆田に入り、町年寄《まちどしより》である三松寛右衛門宅に投宿した。一〇日午前、窪田郡代は陣屋（代官所）に入り、午後には庄屋総代を陣屋の白州に集め、前郡代屋代増之助から「郷村御引渡し」を受け、郡代の事務を引き継いだ。一三日、窪田郡代は再び管内の総代庄屋たちを召集し、着任の挨拶をした。この中で窪田は、農家のつとめが最も肝要であることを力説したという。

江口家という一陪臣から身を起こした窪田治部右衛門が、西国筋郡代となるのは異例の出世といえる。彼にとって、九州支配の中心である日田に赴任することは、故郷に錦を飾ることでもあった。故郷とは、隣接する生まれ故郷の肥後と先祖蒲池氏の故郷筑後を含む九州である。窪田は着任早々の三月一五日、幕府領天草の検分の名目で妻を伴い肥後に向かった。彼は各地で歓待を受け、巡検はおよそひと月に及んだという。

農兵隊「制勝組《せいしょうぐみ》」の編成

元治元年（一八六四）七月の禁門の変は、畿内における大名同士の武力衝突としては、実に大坂夏の陣（一六一五）以来のものであった。この戦いで敗北した長州藩は「朝敵」となり、第一次長州征討が行われることになった。各地で紛争がおこる「乱世」の再来が、社会不安をかき立てた。また江戸や京都では、勤王の志士たちによる殺傷事件も相次ぎ、治安も悪化した。

日田の西国筋郡代は、九州各藩に出兵を命ずる権限を持ってはいたが、自らは軍事力（守備兵）を一切持っていなかった。しかし、郡代自身や日田代官所が、尊王攘夷派から直接襲撃されることも想定される事態となった。禁門の変の直前の元治元年五月、幕府は幕府領を管轄下におく役所に、農兵取り立てに関する「申渡」を発した。この時幕府は、農兵を取り立てるに際しては、「農民たる資格」（身分を心得、幕府の恩に報いる覚悟）を厳格にするように命じた。農兵はあくまで農民であって、士分に取り立てるものではなかった。これによって、日田においても農兵隊の編成が進められることになった。

慶応元年（一八六五）六月、郡代窪田治部右衛門は、兵器購入代金として豆田《まめた》・隈《くま》両町の主立った商人たちから、合わせて一〇〇〇両ほどを献金させ、「西洋筒」（ライフル銃）五〇挺を買い求めた。七月には、豆田・隈両町から農兵を募り、さらに豪商十数人から雇用者を数人ずつ提供させて、農兵隊の核を編成した。これが、農兵隊のはじまりであった。さらに翌年、各村に対して「それぞれの村で一五歳以上四〇歳以下の希望者から、実直で強壮の者を選び、名前や年齢を取り調べ申告せよ」と、実際に管轄下村々から農兵の取り立てを行った。農兵は西国筋郡代の管内一円から募集し、その総数は最大で二八〇〇人に達したという。農兵隊は「制勝組」と命名され、宇佐の四日市陣屋と天草の富岡陣屋（出張所）にも配備（四日市と富岡の現地でも農兵を徴募）された。

小倉戦争と日田

慶応二年（一八六六）六月にはじまった小倉戦争（第二次長州征討に伴う、幕府軍と長州藩軍との小倉での戦い）では、郡代窪田治部右衛門は、配下の制勝組を小倉に率い、兵糧運搬などに従事した。しかし実戦の経験が無かったため、制勝組の農兵たちは、長州藩が放つ轟々たる砲声におびえるばかりであった。一四代将軍徳川家茂死去の報が入り、奮戦していた肥後藩兵が撤退をはじめると、制勝組の農兵たちはこれをみて、我先にと日田に向かって逃亡をはじめたという。もちろん窪田はこれを制止しようとしたが、誰も耳をかさず日田へ逃げ帰った。実践の経験無きが故の農兵たちの敵前逃亡であった。

八月朔日に小倉城は陥落し、小倉藩兵は小倉城を自ら焼き、田川郡の香春《かわら》（現香春町）へ撤退した。撤退した小倉藩兵のうち、家老島村志津摩率いる敗残兵約四〇〇人は日田に流れ込んだ。大勢の小倉藩士とその家族たちを田川郡の香春だけでは収容しきれなかったからである。本来ならば、九州の幕府軍の主力として戦った小倉藩兵であるから、幕府領日田ではこれを温かく迎え入れるのが筋であった。しかし、日田の人々は小倉藩兵を庇護するどころか、これを嫌ったという。食糧や物資の提供もままならないが、それ以上に幕府軍を破った長州藩の威勢を恐れたのである。とはいえ、日田代官所はそのままにしておく訳にはいかず、万々金《ままがね》村（現日田市大山町）に小倉藩兵の「疎開先」を設けようとした。しかし、村びとたちの反対にあい、この計画は頓挫した。やはり村びとたちは、長州勢の来襲を恐れていた。結局、小倉藩兵とその家族は、慶応三年五月初旬になって、日田をあとにして香春へ退去した。日田には、一〇ヵ月ほど滞在していたことになる。小倉藩兵の退去によって、やっと「日田は平静に復した」という（『日田御役所から日田県へ』）。

第一次富岡陣屋襲撃事件と日田

西国筋郡代の天草出張所（陣屋）は、下島の富岡（現苓北町）に置かれていた。そして陣屋警固のため、ここにも天草で徴募された農兵隊＝制勝組が配置されていた。その制勝組の剣術師範が、鵲《かささぎ》渡人《わたんど》であった。鵲はもと森藩士で、名を竹野勇といった。森藩（現大分県玖珠郡、久留島氏）から剣術修行のため、江戸三大道場のひとつ桃井道場（士学館）に派遣されて修行した経歴をもつ。ひとかどの剣の達人となって帰藩したが、森藩という小藩内の師範として満足せず、脱藩して窪田郡代に仕えた。窪田は彼の非凡な腕前を高く評価し、富岡陣屋に配置した制勝組の師範として重用した。鵲は、事実上の富岡陣屋「防衛隊長」であった。その鵲は、慶応三年一二月六日の第一次富岡陣屋襲撃事件の際、酒を呑んだあと寝入りばなを花山院隊に襲われ、まっ先に斬殺された。鵲は富岡の鎮導寺に葬られた。同寺の過去帳には、「光摂院即生居士、鵲渡（ママ）、行年三十五、右は出生豊後森久留島藩にて、窪田支配の節講武所師範として当所へやってきた人である。慶応三年一二月六日」とある。

さて、第一次富岡陣屋襲撃事件の詳細については第五章で詳しく述べるが、広瀬恒太はこの事件について、「火輪船は薩摩の船、浪士は薩藩公認の浪士、軍用金を調達のため敢行されたものらしい」と簡潔に述べている。富岡を襲撃した浪士（花山院隊）たちは、薩摩の蒸気船で富岡にやって来たという。従って襲撃した浪士たちは、薩摩藩「公認」の浪士だというのである。筆者もこの事件の背後に薩摩藩がいた（襲撃事件を支援した）可能性が高いと思うが、実行犯の「浪士たち」とは、花山院隊の面々であった。花山院隊と薩摩藩（それに土佐藩）は、第二次富岡陣屋襲撃事件も含め、相通じて行動していたと思われる。こんな話もある。事件後の一二月下旬、森藩有田郷（現日田市）の大庄屋帆足十左衛門宅に四人の浪士が訪れたという。この四人についても広瀬は、「天草出張所襲撃に参加したもの」という。その根拠として、「森藩が薩藩と陰に於て共同作業を採って居る」からだという（『日田御役所から日田県へ』）。

その真偽はさておき、この事件は窪田郡代と日田代官所、それに日田の住人たちに大きな衝撃を与えた。次の標的が、いつ日田代官所となってもおかしくないからである。もともと二豊の尊王攘夷派たち（花山院隊の主要メンバー）は、一貫して日田襲撃計画を練っていた。そのことは、日田代官自身が一番よく知っている。たまたま日田より前に、富岡陣屋が襲撃されただけなのである。富岡陣屋襲撃事件の報は、事件から五日後の一二月一〇日に日田代官所に届いた。翌日、日田では次の様な触が出された。

一、さる六日明け方、富岡陣屋に賊徒が忍び入り乱暴し、同会所に火をかけ逃走した。ついては、右の様な事件がどこで起こるか予測できない。そのため村々においては、制勝組の者はもちろん、村中で申し合わせ昼夜問わず見回り、怪しい者を見かけたならば、速やかに取り押さえ、抵抗して手に余る様なら、打ち殺しても差し支えない。その後すぐに報告せよ。夜分は特に気をつけ頻繁に見回りをすべきこと。

一、関所においては、五人ずつ詰め、日暮れ後は門を締め切り、見知る者のほかは通してはならない。力づくで通ろうとする者があれば召し捕り、訴え出よ。昼夜問わず怪しい者が通りかかれば、関所に詰めている者のうち三人が対応し、一人は目にかからない様にひそかに村方へ知らせ、村人が協力して取り押さえよ。手に余れば、これまた打ち殺しても差し支えない。

右の通り、村々へ速やかに達すること。

十二月十一日　　日田御役所

日田市中と周辺村々では、浪士襲撃に備え、厳戒体制が敷かれた。

御許山騒動と窪田治部右衛門の逃亡

富岡陣屋が襲撃されたのと同じ頃、窪田治部右衛門は日田代官所の移転計画を進めていた。これはもちろん、尊王攘夷派の襲撃から代官所を守るためである。日田代官所はあくまで政庁であって、軍事的には防御に極めて不利だと判断したのである。窪田は移転先を北高瀬村陣地原（現日田市）に定め、工事に着手した。「陣地原」の地名の通り、ここはかつて戦国大名大友宗麟が筑後国攻略の陣所とした場所であった。明けて正月四日、窪田は陣屋に日田の富豪たちを集め、毎月一人金一五両、米一五俵を制勝組の屯所（制勝館）に納入するよう命じた。一一日頃、窪田のもとへ鳥羽・伏見の戦いで幕府軍が敗北した知らせが入った。次いで一二日、掛屋や主だった者に、家族とともに陣地原に移転するよう命じた。窪田は制勝組を指揮して、陣地原で尊王攘夷派と一戦を交える腹づもりであった。しかし、強制的に移転を命じられた富豪たちは困惑した。

そんな時、窪田の長男泉太郎が、鳥羽・伏見の戦いで戦死したという訃報が入った。豪胆で知られる窪田も、この知らせには落胆し長大息を洩らしたという。日田の周辺では、幕府軍潰走の報を知った森藩が、日田占領を窺わせる軍事行動をみせていた。そこへ一五日、御許山騒動の報が日田に届いた。「一四日、勤王の志士たちが長州勢の一隊を率いて四日市の代官所を焼き、御許山にたて籠もった。近く日田にも侵入する形勢である」という。当時、日田に滞在していた柳川藩の御用商人が、「（何者かが）四日市陣屋に大砲や小銃を打ち込み、近くの東御坊（東本願寺別院）も焼失。（陣屋警備の）久留米勢は七人即死、八人負傷。敵方は三〇〇人あまり。長州沖には軍艦が三隻碇泊。四日市で乱暴後、（一団は）宇佐を経て尾本山（御許山）へいった」と、少々誇大ではあるが、衝撃的な情報を得ていたことはすでに述べた（第二章）。長州《ながす》（現宇佐市）沖に軍艦が三隻碇泊しているとすれば、それは長州藩のものと考えざるを得ない。この情報は、一月一六日付となっている。御許山騒動の二日後である。日田代官窪田治部右衛門も、ほぼ同様の情報に接していたであろうから、大いに動揺したことは間違いない。日田の街も、大混乱に陥ったという。

同じ一六日、窪田は広瀬青邨《せいそん》（咸宜園出身で、のち広瀬淡窓の養子となる。咸宜園の経営にも携わる）を代官所の一室に招いた。窪田は、制勝組を率いて長州勢を含む勤王の志士たち、すなわち花山院隊と一戦を交える覚悟を語った。これに対し広瀬は、「日田に固執して戦っても、最終的に勝利を得られるものではない。兵火で日田の街が焼かれたならば、日田の人民はこの上ない苦しみを味わうことになる。郡代が日田を去ること（戦争を回避するために退避すること）が最も賢明な策である」と、戦闘回避のための逃亡を勧めた。こうして窪田治部右衛門は、逃亡を決意し、この日のうちに肥後の菊池へ向かって逃亡した（一七日にいったん日田戻り、その後、菊池方面へ逃れたという）。

なお、窪田は逃走直前に制勝組に解散を命じている。これも、日田が戦火に焼かれるのを防ぐための配慮であったといわれる。制勝組は窪田が逃亡した翌日の一七日、陣地原にいったん屯集した。

そこで制勝組は解散し、農兵たちは翌日までにそれぞれの村に帰ったという。こうして制勝組（農兵隊）は解散され、日田の兵備（幕府の軍事力）は消滅した。とかく強権的な代官として、窪田治部右衛門の評価については厳しいものがある。しかし窪田が、不本意ながらも逃亡したことで、日田の街は戦火から免れたのである。この点については、高く評価されている。

窪田治部右衛門が日田から逃亡する数日前、正月一四日にすでに長崎奉行は逃亡している。九州の幕府領支配の要であった、長崎奉行と西国筋郡代（日田代官）は、前後してそれぞれ逃亡した。このことによって、九州の幕府拠点は総崩れとなった。こののち、一時的にではあるが、九州の幕府領は無政府状態に陥ることになる。すると九州各藩が、旧幕府領に触手を伸ばし、これを奪い合うという混乱ぶりをみせる。こういう視点でみるならば、鳥羽・伏見の戦いの後、一番はじめに九州の幕府領に手を出したのが花山院隊である。そして日田へは、御許山騒動の直後に周辺五藩の藩兵が侵入することになる。

五藩の日田侵入

長崎奉行逃亡後の長崎では、その後ひと月間ほど、長崎詰役人を置いていた一六藩により、長崎会議所が構成され秩序は保たれた。薩摩と土佐の両藩がリードしたとはいえ、目の前に外国人勢力もいる長崎では、各藩の協力体制が不可欠あった（第五章）。いっぽう日田は、周辺の諸藩に加え、薩摩藩もが藩兵を送り込み、一気に緊張が高まった。

制勝組も解散し、兵備のなくなった日田にまっ先に侵入したのは、隣接する森藩兵であった。森藩（現玖珠郡域）は慶応四年（一八六八）一月一七日、何らの抵抗もなく豆田町に乗り込み、さらに代官所に入った。代官所の役人たちも、この時すでに逃亡していた。この日の夕方、森藩は豆田町の入り口に「為朝廷久留島伊予守守衛地」という高札を掲げた。また森藩は新政府に対して、「日田陣屋はわが藩の隣接の地であるが、窪田郡代は兼ねてからむごい暴政が少なからず、住民は怨みを抱いていた。一月一六日、賊吏たちが残らず遁走したので、とりあえず人数を出して鎮撫した」と届け出てその正当性を訴えている（二月五日）。

その後、一月二一日になって筑前藩（福岡）の藩兵がはいり、これに久留米、肥後もつづいて日田に入り込んだ。各藩の藩兵たちはお互いににらみ合い、緊張が高まった。二三日、四藩の代表たちが集まり、衝突を回避するために「四藩会議」を開いたが、各藩とも自藩による日田占領を主張して譲らなかった。翌日も四藩会議は開かれたが、話はまとまらず不穏な状態がしばらくつづいた。各藩が日田にこだわったのは、日田が九州幕府領の中心地であることに加え、「日田金」を誰が抑えるかということが重要な問題であった。

このような状況下、二七日には薩摩藩まで入り込んできた。薩摩藩兵約七〇人は、調練をしながら代官所（陣屋）の前まで進み、示威行動を行ったという。日田をめぐる緊張は、高まるばかりであった。二八日、薩摩藩は藩旗を翻し代官所に入り、他の諸藩も同じく代官所に入った。代官所には、すでに森藩が入っていた。森藩は兼ねてから薩摩藩とは近い関係にあったが、約一万二〇〇〇石の小藩ゆえに薩摩藩に気を遣わざるをえなかった。二九日、薩摩藩の呼びかけで、陣屋において今度は「五藩会議」が開かれた。会議ではまたも各藩譲らず、予想通り物別れに終わった。薩摩藩兵は代官所を出て、新たに投入された藩兵ともども西教寺や広円寺に止宿した。

日田警備を森・岡両藩に命ず

各藩の藩兵が、日田を退去する様子はしばらくみられなかった。膠着状態は続いた。日田の住人たちは、各藩兵の占拠に憤りを感じていた。かといって、強圧的な郡代政治を追慕する者はなかったという。むしろ、維新政権（新政府）内に大きな勢力を有する「薩摩藩の支配のもとでの安定」を願う住民が多かったという。

その薩摩藩は、各藩の中でももっとも強硬な態度を示した。日田を自藩の領地と見なし、他藩は眼中にないという振る舞いであった。薩摩藩は、九州の尊王攘夷派を弾圧した窪田郡代の行方を詮議するとして、掛屋や庄屋、町年寄など日田の有力者たちを陣屋に呼び出し尋問しはじめた。もちろん日田の有力者たちは、窪田がどこに逃亡したかを知るよしもなかった。尋問は郡代の捜索のためというより、これまで郡代の手足となってきた日田の有力者たちを問責するのが目的であった。

五つの藩兵の駐留によって、日田では様々な流言飛語が飛び交うことになった。二月一七日には、豆田町内の一角で火の手が上がったが、この時、兵火だという噂が流れた。武装した五藩の藩兵たちが、高張提灯《たかはりちょうちん》を点《とも》して現場に急行した。しかしこれは、単なる失火だったということが判明した。九軒焼けて鎮火し、騒動は収まったが、一触即発という状況だった。

二月二一日になって、新政府から岡（竹田）・森両藩に対して、日田を警備するようにとの達しが届いた（ただし、実際に両藩による日田警備が実施されるのは三月九日から）。森藩はこの決定に歓喜し、早速町年寄や庄屋たちを呼び出し、この旨を伝達した。森藩以外の四藩は失望したが、新政府の意向には逆らうことはできなかった。筑前藩はすぐに撤兵することに決定し、二四日に藩兵を撤収した。他の藩兵も、これに続いて次々に帰藩した。

実権は薩摩藩が掌握

岡・森両藩に日田警備が命じられたのには、いくつか理由がある。まず、日田に侵入した五藩のうち、豊後国に属するのは森藩だけである。また岡藩も豊後国にある（現竹田市域）。日田の警備については、豊後国内の二藩に任せたということであろう（豊前国下毛郡内の旧幕府領は、中津藩に取締まりの命が下っている）。しかし、この二藩である理由がほかにもあった。

岡藩は「勤王藩」ともいわれ、勤王の志士を多数生んだ藩であった。幕末維新期、藩論は二分したが、勤王の志士たちは薩摩藩士などと交わる者もいた。例えば、小河一敏《おごうかずとし》は西郷隆盛と深い親交があった。また、森藩も早くから薩摩藩との関係を深め、二豊の藩の中では最も早く上洛して勤王を表明した藩である。つまり両藩の日田警備決定の裏には、新政府を通じた薩摩藩の意思があったといわれる。

二月二四日には、薩摩藩の園田彦左衛門と久保田新治郎が日田に入った。このふたりは、日出藩や杵築藩など二豊の諸藩に「勤王の誓詞」を求めて訪問していたことは、すでに述べた（第三章）。その直後にふたりは、日田に入ったわけである。両人は翌二五日に、日田駐留の諸藩士と千原家（掛屋）で会合した。さらにその席に隈・豆田両町と日田・玖珠両郡の総代六〇余人を召集して、王政復古が成ったことを知らせ、新政府への忠誠を求める布告文をいい渡した。日田支配の実権は、事実上薩摩藩が握っていたのである。森（一万二〇〇〇石）・岡両藩（七万石）が小藩であることも、薩摩藩にとっては好都合であった。

この時期は、戊辰戦争がはじまってまだ二ヵ月に満たない。しかし九州における旧幕府の支配体制は、根底から崩れつつあった。そして九州の旧幕府領の新たな支配をめぐって、薩摩藩が大きな影響力を行使しつつあった。

日田県の設置

慶応四年一月二五日、新政府は九州鎮撫総督に沢宣嘉《のぶよし》を任命した。沢はすでに述べたように、八月十八日の政変後に長州に逃れた「七卿」のひとりである。九州鎮撫総督・鎮台はやがて、長崎裁判所となる。沢は二月二日付けで長崎裁判所総督を兼任し、一五日に長崎に着任した。下毛・日田・玖珠郡の旧幕府領は、閏《うるう》四月一三日付けで長崎裁判所の管轄の「天領」となった。その後閏四月二一日に官制改革、二七日に政体書が交付され、全国は府・藩・県三治体制となった。藩はそのまま存続し、旧幕府領を引き継いだ天領が、府もしくは県となった。長崎裁判所管内には、長崎府・富岡県・富高県・日田県がおかれた。

旧幕府領に府や県がおかれたといっても、実際には幕府領に「県」という新しい呼称をつけただけであった。つまり県の行財政は、これまでとほとんど変わらず、新政府の新しい役人が派遣されただけであった。農民支配も貢租関係や事務も、陣屋が県庁に代わっただけであった。県と県庁は、旧幕府から没収した土地の過渡的な管理機関でしかなかった。廃藩置県後の「県」とは、根本的に異なる。

初代日田県知事には、薩摩藩士で長崎裁判所参謀であった松方正義が任命された。このとき松方は、三三歳の若さであった。松方は土佐藩の佐々木高行とともに、長崎会議所、長崎裁判所の運営を終始リードした（松方は天草の第二次富岡陣屋襲撃事件とその鎮圧にも深く関わったが、それは次章で詳しく述べる）。

その実績が買われたのであろう。そして何より、松方が日田に派遣された背景には、薩摩藩の日田獲得への強い執着があった。しかもすでに述べたように、日田支配に関しては薩摩藩がすでに最大の影響力を行使していた。初代日田県知事に松方が任命されたのは、やはり薩摩藩出身であることが大きかったと思われる。薩摩藩と新政府は、なんとしても「日田金」を抑えたかったはずである。知事就任早々、松方は一〇万両を新政府に献金した。その後彼は中央政界に踊り出し、のち総理大臣にまで登りつめたことはよく知られている。

幕府拠点総崩れの契機

御許山事件をはじめとする花山院隊事件は、様々な角度から評価することが出来る。日田をめぐる一連の動きを見ると、第一次富岡陣屋襲撃事件と御許山騒動が、幕府拠点の総崩れの契機だったといえる。もちろん御許山騒動以上に、鳥羽・伏見の戦いでの幕府軍の敗北は、大きな衝撃だったであろう。しかし郡代窪田の日田からの逃亡は、明からに御許山騒動が契機になっている。窪田逃亡の二日前には、すでに長崎奉行が逃亡し、九州における幕府の支配拠点は、完全に崩壊したのである。

その後の日田をめぐる動きをみれば、周辺諸藩による日田の奪い合いの様相がみえる。さらに薩摩藩もこの事態に割り込んでくる。これは慶応四年の二月から三月の時期で、新政府といっても、いい方を変えればまだ薩長中心の討幕派政権でしかない。戊辰戦争における、江戸や東北での本格的な武力衝突がはじまる前である。東進する新政府軍としては、九州を含む西国をなんとか安定的に抑えておきたかった。御許山騒動は、そのような新政権の意図に反する不安定要素であったに違いない。だから、早々に鎮圧されなければならなかった。だが鎮圧後は、長州藩が旧幕府領の豊前国四日市周辺を一時抑え、その後薩摩藩が岡藩と森藩を通じて豊後の日田を抑えた。そして新政権の西国の出先機関である長崎裁判所が置かれ、閏四月には日田県が設置された。そして、初代県知事として松方正義が日田に乗り込んでくる。こうして討幕派政権は、「日田金」を吸い上げ、自らの経済基盤の一部に組み入れることが出来たのである。

第五章

天草富岡陣屋襲撃事件

——幕府領　天草・長崎

花山院隊事件のいわばメインの事件は、やはり御許山騒動であろう。しかし、この御許山騒動の前に第一次富岡陣屋襲撃事件（慶応三年一二月六日）が起こっている。天草もまた、日田、四日市とともに九州の主要な幕府領のひとつであった。この事件で花山院隊は、多額の公金を奪い、「義挙」の軍資金とする。軍資金が得られたことで、一気に「義挙」は現実味を帯びる。

御許山騒動勃発（慶応四年一月一四日）直後の一月一八日、花山院別働隊（天草襲撃を実行した花山院隊を「花山院別働隊」とよぶ）が第二次富岡陣屋襲撃事件を引き起こす。今度は天草の人民に向かって、花山院隊が勅命を奉じて、天草鎮撫に来たことを布告する。しかし、天草富岡へ薩摩藩兵が入ると（一月二二日）、その二日後には花山院別働隊は、あっけなく天草から立ち去ってしまう（一月二三日）。花山院別働隊が去った天草では、薩摩藩と肥後藩の間で、天草の支配権をめぐる厳しい対立が生じる。またこの事件には、長崎奉行が逃亡した後、長崎にあった諸藩で構成された、長崎会議所も深く関わった。

幕末・維新期の長崎

はじめに、長崎の置かれた状況からはじめたい。鎖国政策下の江戸時代、諸外国との接点となる場所は四ヶ所あった。長崎、対馬（朝鮮）、松前（蝦夷）、薩摩（琉球）で、いわゆる「四つの窓」といわれる。このうち長崎は、外来文化受容の窓として、幕府の情報や貿易による利益独占のための最も重要な港であった。いうまでもなく、長崎は幕府の直轄地で長崎奉行が置かれ、行政・外交・貿易・民政をつかさどった。

幕末、開港後の長崎は上海や香港との連絡地となって、さらに重要性が増した。また外国人居留地が設けられ、各国の領事が駐在し、外交交渉の場ともなった。さらに武器や艦船の輸入が行われたため、これを求めて薩摩・長州・土佐・肥後などの雄藩ほか、諸藩の藩士が頻繁に出入りした。各藩の長崎詰《ながさきづめ》の藩士たちがここで交わり、外国人も相まって、長崎は国際都市の観を呈した。肥前佐賀藩士だった大隈重信は、当時を振り返って、「条約によって開かれた港は、長崎以外にも横浜・函館があった。しかし横浜は江戸に近いため警戒が厳重で、商人以外は出入りが規制された。函館は逆に内地から遠く、貿易には不便であった。ところが長崎はそのようなことがなく、また久しい開港場であったため、各藩士の行き来が頻繁で、外国との通行も便利であった。そのため長崎は、京都に次いで全国有志の輻輳《ふくそう》（集中して混雑すること）する所となった」という。長崎は京都に次いで、各藩の藩士が交わり、武器を調達し、幕末の政局をめぐって駆け引きが行われた舞台だったのである。

のち、花山院隊事件に関わった者も多数長崎に出入りし、花山院別働隊による天草襲撃の計画と実行は、長崎を拠点にして行われた。「義挙」のための武器調達や、花山院別働隊の「隊員」は、この長崎で集められた。

幕末・維新期の天草

いっぽう天草は、寛永年間の島原の乱（島原・天草一揆）の舞台となり、乱後の寛永一八年（一六四一）、幕府領となって幕末にいたる。天草下島の北西にある富岡半島（現天草郡苓北町）、その丘陵

【写真4】富岡城址（苓北町、富岡城三ノ丸に陣屋があった）苓北町情報局提供

上にある富岡城址に代官の富岡陣屋があって、ここが天草の行政の中心地であった【写真4】。幕府領となった当初は、専任の代官（鈴木氏）がいたが、正徳四年（一七一四）に日田代官（西国筋郡代）の支配となると、以後は日田代官または長崎代官の支配となる。『長崎県記』によれば、幕末期の天草は、八七か村、約二万五〇〇〇石であった（ここには、八代郡五家荘も含まれている）。

幕末期に天草は、日田代官の管轄下で、最後の日田代官が窪田治部右衛門であった。窪田は慶応元年（一八六五）に日田で農兵隊の組織に着手し、翌年に農兵による制勝組が組織される。同様に天草でも制勝隊を組織し、陣屋の守りとした。窪田は肥後熊本の生まれで、天草には執着もあったらしい。就任早々から天草郡を視察し、その後もしばしば足を運んでいる。

慶応四年正月（慶応四年九月に明治と改元）に長崎奉行と日田代官が相次いで逃亡すると、九州の幕府領には権力の空白が生じた（長崎奉行は正月一四日に、日田代官は正月一七日にそれぞれ逃亡）。この頃、天草は肥後藩の警備下にあったが、後述する第二次富岡陣屋襲撃事件が起きると（正月一八日）、薩摩藩兵が鎮圧のため長崎から富岡へ侵入した（正月二一日）。すると、天草の支配をめぐって肥後藩と薩摩藩の間に深刻な対立が生じた。結局、新政府によって天草警備は肥後藩に任されたが（二月末）、この間天草は無政府状態に陥っていた。これは天草だけではなく、九州のほかの旧幕府領でも同様の状況がみられた。慶応四年閏四月一三日、長崎裁判所総督沢宣嘉に対して、「九州御領（旧幕府領）之地所一円」の管轄命令が下った。ここで肥後藩の天草警備は免ぜられ、天草は幕府領から「天領」となった。こうして天草は、完全に新政府の支配下に入った。次いで四月二五日、日田県成立とともに天草は富岡県となった。その後六月一〇日になると、富岡県は天草県と改称した。八月一七日には、富高《とみだか》県（現宮崎県日向市）とともに廃県となり、天草県は長崎府に編入されて天草郡となった。この時、富高県は日田県に編入された（大久保利謙「明治新政権下の九州」）。

第一次富岡陣屋襲撃事件

王政復古のクーデター直前の慶応三年一二月六日未明、馬関（下関）にいた花山院隊の浪士たちで構成された花山院別働隊が、幕府領であった肥後天草富岡陣屋を襲撃する事件が起こった。翌年正月一八日にも、花山院別働隊は富岡陣屋を襲撃するので、この時の事件を第一次富岡陣屋襲撃事件とよぶことにする。ところで、九州の幕府領のうち、まとまった規模のものが四カ所ある。長崎、富岡、日田、富高である。富岡はそのうちのひとつで、幕府領である肥後国天草諸島のほぼ全域をしめた。ここを管轄する幕府の富岡陣屋は、現在の苓北町にあった。

富岡陣屋を襲撃した花山院別働隊のメンバーは、矢田宏（別府の医者の子）、桑原範蔵（報国隊寄食）、小川潜蔵（秋田藩脱藩士、報国隊士）、藤林六郎（福岡藩脱藩浪士、報国隊士）、結城小太郎（大村藩脱藩浪士か）、蜂須新之助（鹿児島町人）、豊後高田の島田代五郎・島田忠作、宇佐橋津の松本大五郎ら約二〇名だったという。花山院別働隊は、長崎から天草へ渡った。これを天草の庄屋中村内蔵助（蔵之助）が手引きしたという。中村は陣屋にある公金の額や陣屋の警備状況などを知る立場にあった。この事件は、かなり周到に準備されたとみられる。

この日（六日）の丑三つ時というから現在の午前二時頃、約二〇名の浪士の一団（花山院別働隊）が夜陰に紛れ、曲崎《まがりさき》（現苓北町）から上陸し、富岡陣屋へ向かった。当日の会所詰年番久玉組の役人数人と警備の制勝組の農兵たちは、襲撃を察知し陣屋を出て、間道を抜け逃亡した。陣屋に侵入した浪士たちは、居合わせた制勝組剣術師範 鵲 渡《かささぎわたんど》人の寝込みを襲い斬殺した。この時鵲は泥酔していたといわれ、この情報も浪士に伝わっていたのであろう。続いて浪士たちは、警固の農兵上田富士松らふたりも殺害した。次に浪士たちは、陣屋の下にあった郡会所に侵入して、「年貢取立中」で集められた公金およそ一万両（一説には八〇〇〇両余）を奪い取り、会所に放火して船で立ち去った。このとき浪士たちの小舟は、薩摩藩の蒸気船が収容したともいわれている。この事件で浪士の一団は、自らを花山院隊と名乗ることもなく立ち去った。事件は当時、誰の仕業とも知れず、のちに花山院別働隊の犯行と判明する。この陣屋襲撃は、純粋に公金の奪取が目的だったと思われる。ただこの日は、代官窪田治部右衛門も富岡陣屋に滞在中という情報も中村が伝えており、窪田殺害も目的の一つだった可能性がある。しかし実際には、窪田は富岡陣屋にはいなかった。

奪った公金の約半分は、長崎での兵器購入に充てられたという。長崎での武器購入の任にあたったのは、結城小太郎であった。彼は花山院隊のなかで、長崎での武器購入や隊士の徴募などにあたり、主に長崎で活動していた。この事件の背後に薩摩藩の影が見え隠れするが、それについては第四章でも触れた。また、この事件に参加した鹿児島の町人蜂須新之助は、主である鹿児島藩士菊池謙蔵の命令でこの事件に加わっている。事件後、結城以外の浪士たちの多くは、残り半分の公金を持って馬関に戻っている。だた一部浪士はその後も天草に潜伏し、二度目の富岡陣屋襲撃の下準備のために活動していたという。

天草の富岡陣屋に、これほどの公金があった（取り立てた年貢がそのまま置かれていた）のは、海防のための砲台構築や陣屋の警備強化（農兵隊の徴募と武器購入）にかなりの資金が必要だったからといわれる。このような状況は日田代官所でも同様で、花山院隊が計画した日田代官所襲撃の目的のひとつも、やはり軍資金の確保にあった。天草の富岡陣屋襲撃の成功で、つぎの日田代官所襲撃計画は大きく前進した。この事件直後の一二月一〇日、花山院家理は、周防大島（現山口県大島郡周防大島町）の覚法寺に入っている。

矢田宏の供述書

第一次富岡陣屋襲撃事件は、二〇名ほどの花山院別働隊の仕業だった。ただ、この二〇名をすべて特定するのは難しい。この襲撃に実際に加わって、主導的な役割を果たしたのが矢田宏である。矢田は豊後国別府出身で、変名を宇佐野次郎という。富岡陣屋襲撃後矢田は、花山院家理を迎えるために周防大島へ行き、一月二〇日に室積（現山口県光市）で長州藩によって捕縛された。その後、長州藩の牢にしばらく入れられたが、そのときの供述書が『復古記』にある。矢田は、次のように供述している（現代語訳）。少し長くなるが、事件の詳細がみえてくるので引用する。

　去年（慶応三年）八月、また馬関（下関）へ渡り滞留していると、兼ねてから懇意にしている島田唯作、小川潜蔵などに出会いました。義挙再興（慶応二年に挙兵に失敗している）の話を聞き、報国隊の藤林六郎、佐田内記兵衛（佐田秀）等にもはじめて面会し、追々密議を重ね、花山院公の九州下向が決議され、愉快に思いました。慶応三年九月、長崎へ行き、同志の結城小太郎に面会すると、結城は兵器調達にはお金の工面がいるというので、私は薩摩へ行きました。そして、同藩の清水一郎、児玉甲介（この人物は、第二次富岡陣屋襲撃事件に登場する児玉幸助と同一人物の可能性が高い―筆者注）の取りなしで、金三百両を借りて長崎に帰り、結城にお金を渡しました。その後も長崎に滞留していると、島田唯作（中津浪士）・大島捨之助（筑前浪士）・本多忠太・松本大五郎（宇佐出身）・松浦次郎・吉見甚三郎らと落ち合いました。談合をしていると、天草の庄屋中村蔵之助変名秋月五郎が脱走して訪ねてきました。日田の奸吏《（ママ）》久保田治部右衛門が今、天草へ来ていているので、兼ねてから聞かされてきた「御宿意」を果たす（殺害する）のにちょうど良い。私が案内します、というのです。そこで皆も決行と決め、右の面々へ薩摩藩士菊池謙蔵から大島（天草下島か）に派遣していた蜂須新之助を加えて、九人連れで（矢田・島田・大島・本多・松本・松浦・吉見・秋月・蜂須）、一二月四日、夜に長崎を発ち、富岡へ向かいました。

一二月五日《ママ》、鶏鳴頃、天草へ渡り出張所（富岡陣屋）に行き様子を窺うと、案外少人数でした。そこでみなで討ち入り、一人を生け捕りにし、治部右衛門はどこかと糺すと、一両日前日田に帰ったというから、残念に思いました。笠崎《ママ》（鵠）渡と鈴木甚内ほか刃向かう者を一両人討ち取り、そのほか抵抗する者はなく逃げ去りました。役所内を見回ったところ、現金が八三〇〇両ほど見つかったので、これ幸いと奪い取り、周辺に少々放火し、長崎に引き取りました。

右の金の内、兵器購入の費用として四〇〇〇両を結城に渡しました。残り四〇〇〇両余りは秋月五郎を会計係として、大島そのほかいずれも同船（薩摩の船か——筆者）にて、一二月二二日、馬関へ持ち帰りました。さっそく藤林・小川に面会し、右の始末を内密に話し、秋月から藤林へ金子を引き渡しました。もっとも、このお金のうち、いくらか配分もあり、私は五〇両ほど受け取り、諸々の支度を調えました。

矢田の記憶では、天草富岡陣屋に討ち入った人数は、九人ということになる。同じく共に第二次天草襲撃事件に参加した大島捨之助（筑前福岡藩浪士、本名北川重四郎）も、九人で連れ立って天草へ渡ったと供述している。なお、大島は薩摩藩士の菊池謙蔵が計画段階で参加していたと供述している。結局菊池は、討ち入りには加わらなかったが、従者の蜂須新之助を襲撃に加わらせている（『復古記』）。また事件前、矢田は鹿児島に行き、軍資金として三〇〇両の貸与を受けている。これについてはのちに詳述するが、いずれにしても、薩摩藩が深く関与していることがわかる。

九州鎮撫総督の着任

慶応四年一月三日、鳥羽・伏見の戦いがはじまると同時に、新政府は全国に向かって軍事的統一行動をはじめた。西園寺公望を山陰道鎮撫総督、参与橋本実梁《さねやな》を東海道、岩倉具定《ともさだ》を東山道、高倉永祐《ながすけ》を北陸道、四条隆謌《たかうた》を中国四国の鎮撫総督にそれぞれ任じた。そして一月二五日、沢宣嘉《さわのぶよし》を九州（西海道）鎮撫総督に任じた。

諸道に派遣された「鎮撫総督」の任務は、各地の旧幕府領の接収と、諸藩に対して新政府軍（官軍）の先鋒を勤めさせる（官軍の戦力として戦わせる）ことであった。そのため広範な軍事権を有した、討幕軍の司令官ともいうべき存在であった。総督にはすべて公卿が任じられているが、これは朝廷の威光をもって諸藩を抑えるためであった。

九州鎮撫総督となった沢宣嘉は、文久三年の八月十八日の政変で、三条実美らと京都を追われた七卿のひとりである。すなわち勤王討幕派の公卿である。沢総督は二月二日、長崎裁判所総督を兼任し、九州に赴くことになる。

長崎奉行所の崩壊

鎖国体制下の長崎の警備は、筑前福岡・肥前佐賀両藩が交代でこれにあたった。しかし開港後は、鎖国体制下の長崎警備とは状況が一変する。外国人や諸藩の藩士の出入りが頻繁になると、尊王攘夷派や外国人、各藩の藩士間の衝突が懸念されるようになる。つまり長崎警備は、長崎市街の治安維持が重要な任務になる。そこで長崎奉行は、元治元年（一八六四）に治安警察ともいうべき「警備隊」を組織した。これは長崎の町内外の若者二五〇人を募って組織された。

慶応二年（一八六六）、第二次長州征討における小倉戦争で、小倉藩をはじめとする幕府軍が長州藩に敗北する。その結果、長州藩は北九州の企救《きく》郡（小倉藩領の一部）を領有することに成功する。そうすると、長崎や日田など九州の幕府直轄地（幕府領）は、広く討幕派（薩長）に囲まれ、しだいに孤立した状況になった。討幕派の勢いが増すにつれ、九州の幕府領は自前の防衛力整備の必要に迫られた。そこで長崎では慶応三年、長崎奉行によってさきの警備隊に加え、「遊撃隊」（三九〇名）が組織され軍事力の増強が図られた。おなじく日田では、窪田代官によって制勝隊という農兵隊が組織された。

王政復古のクーデターで事実上幕府が倒れると、長崎の空気も一変して長崎奉行の立場も悪化した。討幕を目指す薩摩・土佐・大村などの諸藩と長崎奉行所との関係も険悪となった。時の長崎奉行は、慶応三年八月に勘定奉行から転任した、河津伊豆守祐邦《いずのかみすけくに》（旗本）であった。年が明け慶応四年正月早々（三日）に鳥羽・伏見の戦いがはじまり、その後幕府軍は敗走した。長崎奉行所も、すでに機能不全に陥っていた。一月一四日、長崎奉行は地元役人にも気づかれないうちに妻子や江戸役人を引き連れて、入港中の外国船に乗り込み長崎から逃れた。河津祐邦は、最後の長崎奉行となった。

長崎会議所から長崎裁判所へ

長崎奉行が逃亡したことで、長崎奉行所は事実上崩壊した。地役人（地元採用の役人）はいても、権力の空白状態が生ずることになった。多くの外国人がいる中、対外関係の事務をどうするのか。治安の維持はどうするのか。長崎奉行の逃走という思わぬ事態を受けて、まず薩摩藩の松方助左衛門（のち正義）、つづいて土佐藩の佐々木三四郎（のち高行）が奉行所に駆けつけ、これを占拠した（一五日）。奉行の逃走で地役人は困惑し、奉行から後事を託された肥前佐賀藩・筑前福岡藩も手をこまねいている状態だった。

佐々木は在長崎の諸藩士に対し、「京都（新政府）から指令があるまで、長崎に在駐する諸藩士の合議によって万事解決すべき」との提案を行った。薩摩の松方以下、その場に居合わせた大村、安芸、宇和島の各藩代表も異存はなかったという。地役人たちも、結局この提案に従わざるを得なかった。こうして成立したのが、長崎会議所である。しかしこれは、長崎奉行所の地役人が、新政府に帰順したことに等しかった。こうして、九州支配および外交の拠点であった長崎は、あっけなく新政府側の手に落ちたのである。長崎の「政治向」は、諸藩士と地役人の相談の上、万事決することとなった。ただし、諸藩のなかでも土佐・薩摩両藩が、会議所をリードする。長崎が新政府側に落ちたという所以である。以後、長崎裁判所総督の沢宣嘉が着任する二月一五日までの約一ヶ月間、長崎奉行所に代わって長崎会議所が、外交や治安維持の業務を行った。

長崎会議所に参加したのは、土佐・薩摩・長州・大村・肥前・筑前・安芸・宇和島・加賀・柳河・越前・久留米・肥後・平戸・五島・対馬の一六藩であった。会議所は合議制であったが、実務は佐々木と松方が二人で概ね処理したという。また、一六藩の政治的スタンスには微妙な違いもあった。そこで長州藩の提案で、長崎に限っては「勤王」という立場で結束することになった。

ただし長崎会議所は、あくまで臨時的な地方行政機関であった。そこで新政府は二月二日、九州鎮撫総督である沢宣嘉に長崎裁判所総督を兼務させる措置を執った。この「裁判所」は、現在の司法機関と異なり、地方行政機関であった。旧幕府領が天領と改められ、この天領のいくつかに裁判所が置かれた。「政体書」(慶応四年閏《うるう》四月)によって、天領は「府」や「県」となった。沢総督は二月三日に京都を発ち、海路で同月一四日に長崎に入港し、翌一五日に上陸した。総督に着任した沢は、さっそく長崎会議所の解散を申し渡し、長崎裁判所と改称した。裁判所参謀には、京都から同伴した井上馨(九州鎮撫総督参謀、長州藩士)を任命し、佐々木を助役にした。一八日、九州諸藩の長崎詰の藩士を裁判所に呼び出し、沢総督が「九州鎮撫」を宣言し、諸藩ともこれに従うよう命じた。九州諸藩の新政府への帰順が、この時ほぼ決まったといえる。

長崎裁判所の幹部人事では、さきの長州の井上馨をはじめ、薩摩の松方、土佐の佐々木、肥前の大隈八太郎(のち重信)などのちの明治政府の要人の多くが含まれていた。彼らはみな、各藩の長崎詰の藩士であった。従って長崎裁判所は、諸藩連合体を基盤とする地方政権であったが、新政府の九州支配の拠点となった。その軍事力は、薩摩藩兵三〇〇人ほか、九州各藩に出兵させた。また長崎奉行所によって組織された「遊撃隊」が、「振遠隊」と名を改め長崎裁判所に従った。

第二次富岡陣屋襲撃事件

長崎奉行所の崩壊、長崎会議所の成立から長崎裁判所への改編について述べてきた。長崎と九州の幕府領の支配、また維新政権の外交上、極めて重要な時期に、第二次富岡陣屋襲撃事件がおこる。

第一次のそれに続いて、花山院別働隊が起こした事件である。事件が起きたのは、長崎会議所が成立（一月一五日）した直後の一月一八日のことである。長崎は薩摩藩と土佐藩を中心とする、在長崎一六藩による長崎会議所の管理下にあった。しかし成立した長崎会議所は寄り合い所帯であり、しかも混乱の中、政治介入すら窺う外国勢力と対峙しなければならなかった。長崎市街の治安維持も切迫していた。そのようなときに、目の前の天草富岡陣屋が、再び何者かに襲撃されるという衝撃的な事件（第二次富岡陣屋襲撃事件）が発生したのである。豊前の四日市陣屋の襲撃が一月一四日であるから、その四日後である。

一月一八日七ッ頃（午後四時頃）、錦の陣羽織の頭分《かしらぶん》（頭目）を先頭に、筒袖《つつそで》・襦袢《じゅばん》・立付袴《たっつけばかま》（ズボン状に股が割れて活動しやすい袴）に頭巾姿の得体の知れぬ三九人の一団（花山院別働隊）が富岡に上陸して、富岡陣屋を易々と占拠したのである。実は陣屋の役人たちは、数日前から浪士一隊が茂木《もぎ》（現長崎市、富岡の対岸の港）から来島するという情報を得ていた（情報の出所などは不明）。そこであらかじめ、御領村（現天草市）の正蓮寺に避難していた。要するに富岡陣屋には、当日は役人も警備の者もいなかった。その無人の富岡陣屋を別働隊が占拠したのである。陣屋を占拠した花山院別働隊は、早速、天草の住民と幕府役人に向け、布告を発した。

『復古記』によれば、一八日に花山院別働隊が天草において発した布告は、次のような文面であった。

今般、皇朝御一新につき、花山院前三位中将家理卿が、九州鎮撫のため、内勅を奉じられて（天皇の命により)、豊州(豊前)へお渡り遊ばされた。ついてはこの島(天草島)はかねてから人心がおり合わず、内々混雑の趣(人々の心がばらばらで混乱している様子)もお耳に達し、(花山院様は)深く憂念(心配)遊ばされている。これによって拙者どもは、人心を一致させ居り合いの基本を立てたく思い、(島民を)諭すために出張してきたのである。けっして粗暴で軽々しい事をするつもりはないので安心してほしい。郡中の役人たちは集会の上、天恩に報いる存念を決議し、異心のない者たちは早々に受け書(われわれに従うという念書)を差し出すように。以上。

肥後藩の役人に対しても、書面を送っている(一八日付)。書面冒頭は右の布告同様、出張の理由を述べ、そのあとは肥後藩と一戦を交える意図はなく、ともに天草鎮撫を行いたいので談判(相談)したいという内容である。長崎会議所への書面(一九日付)は、佐々木三四郎・大山壮太郎・吉井源馬あてである。佐々木はのちの佐々木高行(土佐藩士、このとき長崎会議所の中心人物)、大山(もと福井藩士渡辺剛八)と吉井(もと土佐藩士)は海援隊士である。書面の後半は、「貴藩(土佐藩)の正義の応援を仰ぎたい、早々に人数(兵員)を天草へ差し向けて、苛政を除き島民安堵の処置をしていただきたい」という。さらに富岡陣屋から逃げ去った幕府の役人に対しては、「農兵を集めていると聞いている。我々と戦うつもりなら、島民の迷惑にならない場所を選んで戦おう」という挑発的な文書(一九日付)を送っている。このように三者へは、それぞれ違った内容の書面を送りつけている。

なおこの三通の書面の差出人は、いずれも「児玉備後之介、結城下総之介」の連名である。これまで児玉備後之介は、児島備後介（児島長年）と混同されてきた。この事件に関する史料では、差出人が「児島備後介」となっているものも多い。しかし天草の事件に登場する「児島」は、すべて「児玉」の誤りである。児島長年（備後）は、この時天草には来ていない。この児玉は、もと薩摩藩士の児玉小介（幸助）である。児玉は、次章の香春鍋屋騒動の「主役」でもある。また結城は長崎（大村）藩脱藩士といわれ（現在もはっきりしない）、花山院隊においては長崎で武器の調達にあたっていた人物であることはすでに述べている。

肥後藩の対応

夜半になって、一旦逃げていた富岡陣屋詰めの幕府役人が、肥後藩の御物頭陣屋である芳證寺を訪問した。この当時、肥後藩が幕府の命令で、天草の警衛（警護）役を勤めていたからである。陣屋の幕府役人は肥後藩に対し、「一党は昨冬陣屋を襲撃した浮浪の徒に間違いない。富岡陣屋詰めの農兵に先陣をつとめさせるので、肥後藩の力で追い払ってほしい」と訴えた。

しかし肥後藩は、この訴えに難色を示した。肥後藩の物頭衆（天草警備の長）の回答は、「たとえこの者たちが浮浪の者であるにせよ、花山院中将殿が内勅を奉じたうえ、その配下を天草に遣わしているのであれば、証拠もなく浮浪と断定するわけにもいかず、肥後藩から先に手を出すわけにはいかない。もし一戦を交えるようなことになれば、他の方々を先陣に頼むことはせず、私どもが先陣をつとめましょう」というものであった。やはり肥後藩は、花山院の名前が足かせとなって動けない。ここでは「花山院の威光」が、かなり効果を発揮しているように思われる。

一九日、花山院別働隊の藤崎宮内の原田次郎という者が、肥後藩の物頭衆に会いたいというので、両者は正蓮寺で会見した。原田は「結城下総助、児嶋《ママ》備後助」連名の書状（先にあげた一八日付の肥後藩役人あての書状と思われる）を物頭衆に渡した。書状の内容は、「今般皇朝御一新にあたり、九州鎮撫のため花山院殿が天皇の内勅を奉じて豊前にお渡り遊ばされました。ついては天草の島民のおりあいが悪い（政情が不安定）とお聞きになって、説諭して天草を安定させるようにとの指示で富岡へ出張しました。ところが陣屋の役人たちはどのように思ったのか、すでに残らず陣屋を引き払っておりました（陣屋の役人とは何も交渉ができません）。私たちははじめから、他藩と交戦する意図は全くありません。肥後藩はかねてから天草の警衛のため人数を出されていますから、共に天草の鎮撫のために話し合いをしたいと思っております。ご意見をお聞かせください」とある。物頭衆は、この書状の趣旨に同意し、「諸事相談したい」と回答した。花山院別働隊は、天草を預かっている肥後藩を味方にすることが上策と考えていたであろうから、この交渉は別働隊にとって上々であった。

　正蓮寺を辞した原田は、次に天草屈指の資産家山崎幾之丞《いくのじょう》宅を訪れた。この時原田は提《さげ》刀であったというから、半ば脅迫しながら、つぎのようにいった。「この度皇朝御一新につき、花山院公が九州鎮撫のため豊州までお出でになった。また天草鎮撫のため、結城下総助、児島《ママ》備後助ら（花山院別働隊）を派遣された。花山院公はこれから追々、兵器や軍艦も調達しようというお考えである。このことに協力してくれるだろうか」と。要するに、軍資金を出せ、という話である。そしてその話を裏付けとして、一通の書状を山崎に手渡した。ところが、山崎がこの書状をよくみると、書状は結城・児玉から大山壮太郎と吉井源馬に宛てたものであった（吉井・大山は海援隊士）。つじつまがあわない。不審に思った山崎は、話を引き延ばすいっぽうで、その書状を部下に筆写させた。そして最後は、「なんとも引き受けようもございません（今すぐ、お金は出せません）」といいつつ、原田を引き取らせた。そしてこの時山崎は、原田らの一団が「浮浪之者」だと確信したという。早速山崎は、このことを肥後藩の役人に伝えたが、それでも「わが肥後藩が、捕縛するわけにはいかない」と答えるばかりだった。

児玉・結城（花山院隊）と大山・吉井（海援隊）

同一九日、結城と児玉は次のような書状を大山と吉井へ送っている。「昨一八日、富岡へ渡海しましたところ、すでに聞きつけていたからか賊吏（陣屋の幕府役人）はすでに逃げ去っておりました。就いては精々人心をわれわれに引きつけようとしましたところ、二～三日もすれば味方にできそうです。そうなれば、一刻も早く豊州（御許山）へ急行したいと思いますので、一五人でも二〇人でも良いのですぐに繰り出し（富岡へ）出張してくだされば、当地（富岡）は（あなたがたへ）引き渡し、快く豊地（御許山）へ参りたい。何分にもすぐに人数を繰り出して、この地の賊子（佐幕勢力）が入らないようにお願いするばかりです」と。

書状の差し出し人の名は、結城下総介と児玉備後介ではなく、「結城小太郎、児玉幸助」と本名を書いている。本名で書いている書状は、この一通しかない。さらに宛先は「大山壮太郎大兄、吉井源馬大兄」となっている。宛名に「大兄」を使っているものも、これだけである。明らかにこれまでの書状とは異なる。「大兄」という敬称も、何か両者の親しさを感じさせる。この書状は、肥後藩の『天草方面探索方聞取書』（九州大学図書館所蔵）にある。つまり肥後藩の探索方が収集した文書である。書状の冒頭には、「密書手に入候写」と但し書きがある。「密書」の「写《うつし》」だという。ただ、入手した経緯などは何も書いていない。

筆者は児玉・結城と大山・吉井は、すでに互いに面識があって、協力を依頼しているように思われる。もし両者に面識がなければ、大山・吉井にとっては、全く意味不明の書状だったはずである。筆者は次のように考えている。おそらく第二次富岡陣屋襲撃事件については、花山院別働隊から予め大山・吉井に明かされていた。そして、別働隊が陣屋を首尾良く占拠したあとは、大山・吉井とそのうしろにいる土佐藩側（または討幕派勢力）に陣屋を明け渡す。その後、児玉・結城ら別働隊は天草を去って、豊前にいる本隊に合流する。はじめから、このような手はずになっていたのではないだろうか。しかしそれは、何のためか。ひとつには、佐幕か討幕かについて、あいまいな態度をとっていた肥後藩（この時天草の警衛を担っている）を牽制し、揺さぶることが考えられる。ところがこのあと、薩摩藩兵が富岡に乗り込んでくるのである。

薩摩藩の富岡派兵

二一日になって、新たな動きがあった。長崎にいた土佐・薩摩・大村の三藩の「大将分」（在長崎各藩の枢要な人物）が率いた薩摩藩兵約二〇〇人（正月一一日、薩摩藩は長崎警備のためとして三小隊を派遣していた）が、富岡に上陸したのである。そして二二日、三藩の「大将分」の連名で肥後藩の役人に対し、「先頃、長崎奉行が退去したので、長崎は各藩で協力して警備や取り締まりを行っています。今回我々は天草島の取り締まりのために出張しました。肥後藩ではすでに人数を派遣して天草警備をされているのでともに協力し、この地域の鎮撫を行いたい」という書状を送ってきた。状況が大きく変化した。天草の「鎮撫」のために派遣された花山院別働隊に代わって、長崎奉行逃亡後の長崎統治をリードしている土佐・薩摩・大村の三藩が、薩摩藩兵を率いて天草の鎮撫にやってきた。そして、肥後藩に「鎮撫」の協力を求めたのである。ここでも肥後藩の役人たちは、三藩の要請に対し、熊本からの指示がないとして躊躇した。そこへ重ねて三藩から、「天草島に浪人たちが入島してきたとのことで、三藩が出張しました。あなたがたは、本藩の指示を待っていると聞いていますが、ぜひ急いで協議したい。長崎にいる肥後藩の首脳も、このこと（三藩の任務と行動については）承知しています」という催促がきた。「浪人たちの入島」が、出兵の口実になっている。そして、長崎奉行所を引き継いだ長崎会議所（在長崎の各藩）のうち、土佐・薩摩・大村の三藩が、花山院隊の鎮圧に動きはじめたのである。肥後藩にも、強く協力を求めた。しかし、単純にそう考えて良いのだろうか。

まず、なぜ土佐、薩摩、大村の三藩が動いたのか。時は戊辰戦争の最中であるが、この三藩はいずれも討幕派である。大村藩も幕末の各派の闘争を経て、慶応三年には討幕派が主導権を握っている。そして同年一二月九日、王政復古と同時に、大村藩は薩摩藩と共に朝命により宮門の護衛を命じられている（『新編大村市史第三巻近世編』）。ただ三藩が一枚岩かといえば、そうともいい切れない。薩摩藩兵を率いた渋谷彦助は、事件後の報告書で「土佐藩二人、大村藩二人、長崎より案内として遣わされましたが、当分却って邪魔になり申し候」とのべている（『鹿児島県史料』）。薩摩藩は、あくまで自藩の利害で動いていたのである。

三藩が討幕派だということは、花山院別働隊にとっては敵ではないはずである。ところが三藩は、花山院別働隊を浪人と断じて、取り締まりのために天草の富岡にやってきたのである。少なくとも表向きは、浪人の取り締まりである。肥後藩に協力を持ちかけたのは、肥後藩との決定的な対立は避けたいとの思惑があったためであろう。

もうひとつ重要なことがある。富岡にやってきた土佐藩の「大将分」とは、何と先にあげた吉井源馬（海援隊士）なのである。花山院別働隊の結城と児玉が、吉井に宛てて「一刻も早く富岡へ出張してほしい」という内容の書状（一九日付）を吉井に送っていたことはすでに述べた。その吉井本人が、富岡に乗り込んでいるのである。「手はず通り」ではないだろうか。やはり、花山院別働隊と海援隊（土佐藩）は、連携していると考えた方が自然である。書状の末尾にあった「何分、早く兵を繰り出して下さって、天草に「賊子」が入らないように」という文言の「賊子」とは、幕府に与する藩（例えば肥後藩）のことを指していると思われる。

上陸してきた三藩「大将分」と薩摩藩兵に対する花山院別働隊の態度は、どのようなものであったのか。肥後藩のある密偵の報告は、「正月二十日、大村、土佐、薩摩の三藩が、薩兵三百人を召し連れて、富岡へ上陸した。その際、結城らがこれを出迎え、結城らは陣屋にいたのだが、陣屋を薩摩の渋谷ひこすけ（ママ）に譲り、自分たちは町屋に止宿した」という（ここでは三藩の上陸は「二十日」となっている）。また「富岡町役人中会所詰大庄屋」の報告は、「三国（藩）の役人が三百人余りが、茂木から渡海し御陣屋に着入した。結城下総之助殿、児島（ママ）備後之助殿など三十九人は、即刻交代された（陣屋を譲り渡した）」という。少なくともこの二つの報告からは、鎮撫の薩摩藩兵と花山院別働隊との間には、何らの緊張もなかったように感じる。それどころか、結城ら花山院別働隊は三藩の兵を出迎え、即刻陣屋を明け渡している。事はやはり、花山院別働隊の結城・児玉と土佐の吉井らとの筋書き通りに運んだのではないだろうか。

その後、花山院別働隊はどうなったのか。一月二三日に「結城下総之介・児玉備後之介、土地引払出帆」したという（『鹿児島県史料』）。そこら辺の事情を肥後藩の「御奉行中」から「天草出張御物頭」にあてた文書（二八日付）は、次のように記している。「（花山院別働隊による第二次富岡陣屋襲撃事件は）人心の動揺に大いに影響し、（花山院別働隊がめざす）天草鎮撫のためには却って良くないことであるから早々に立ち去るようにと、薩摩藩・土佐藩から説得したので、人数（花山院別働隊）は二重島（通詞島か）を経て、その後どこかへ行ってしまった」と（『五和町史』）。

天草の支配権をめぐる対立

事件後の二三日、肥後藩の役人二人（山田己右衛門・町野貞左衛門）が富岡陣屋を訪れ、三藩の大将分（薩摩藩本田杢兵衛・土佐藩吉井源馬・大村藩松田次郎兵衛）と天草の警衛について協議している。話し合いの冒頭、土佐藩の吉井が肥後藩に対し、「年来、幕府の命で肥後藩は藩兵を出張させておられますが、今は皇朝御一新の時です。警衛の藩兵をお引き揚げになるつもりはありませんか」と切り出した。肥後藩側は、「なるほど、廃幕という状況では、なおさら皇国のため厳重な警衛をするべきかと思います。天朝からも天草の警衛はこれまで通りと、熊本の重役からも指示があっております」と返した。しばしの沈黙の後、今度は薩摩の本田杢兵衛が「勅命とはいえ、この天草島を御藩の一手にて警衛が出来ましょうや」と問うた。肥後側は、「弊藩だけで警衛が出来ないこともありません。しかしながら、公平な処置をもって、各藩と相談しながら警衛をしていきたい」と答えた。その後もやりとりは続いたが、最後に薩摩から「肥後藩の重役と話がしたい」という要求があった。結局この日の談判は、物別れで終了した。なおこの時、肥後藩側が「天朝からも天草の警衛はこれまで通り」といったことが、薩摩藩によって「それは事実ではない」として責められることになる。

その後も、一月二八日、二月一三日、同一四日と肥薩両藩の談判が重ねられた。ここで明らかになったのは、薩摩藩の天草に対する強い執着である。参勤の際、鹿児島から上方までのルートはいくつかあるが、海路の場合、天草（牛深港）は寄港地のひとつであった（『五和町史』）。また下関と鹿児島を結ぶ、九州西方航路の中継地として重要だったのである。九州東方航路では、やはり下関と鹿児島の中間点に細島があって、薩摩藩はこの港を押さえていた。つまり九州とその周辺の制海権を得るうえで、細島とともに天草（牛深港）が必要だったのではないか。また薩摩藩は、天草屈指の豪商松屋石本家との関わりも深かった。こうしたことが、天草への執着として現れたものと思われる。

しかし、それだけではなかった。この事件は、戊辰戦争の最中に起きている。鳥羽・伏見の戦いで薩長軍は勝利したとはいえ、戦いの帰趨はまだ不明な時期である。天草をはじめ、九州の幕府領の約八割を支配していたのは、日田に置かれた西国筋郡代であった。鳥羽・伏見の戦いの結果、幕府と将軍は朝敵として追討される立場となった。そして西国の諸大名が、相次いで新政府に帰順すると日田は孤立した。そして一月一四日に御許山騒動がおこると、一七日には郡代窪田治部右衛門は日田・天草を捨て、江戸へ逃げ帰ってしまった。こうした状況下で、旧幕府領の支配をめぐって、薩摩藩は領土的野心をあらわにしたと思われる。それは豊前四日市に対する、長州藩の態度にも同じものがある。つまり薩長両藩は、戊辰戦争下において、旧幕府領を極力自らの勢力下に置こうとしていたものと思われる。ただ、旧幕府領が無政府状態に陥った状況で、ここに触手を伸ばしたのは薩長だけではなかったが。

この四度の談判で、薩摩藩が天草警衛の権限を肥後藩から奪おうというときに、必ず持ち出したのが「浮浪の徒（花山院隊）を天草から追い払ったのは薩摩藩兵である。そして事件のあと薩摩藩は、天草島民から鎮撫（警衛）を依頼されている」というものである（松田唯雄『天草富岡懐古録』）。この天草島民からの依頼については後述するが、要するに薩摩藩は、第二次富岡陣屋襲撃事件を最大限に利用していた。

『海援隊始末記』にみる事件

平尾道雄『坂本竜馬海援隊始末記』は、「天草島鎮撫」という項をもうけて、この事件を取り上げている（ただし「天草島鎮撫」には、松田唯雄『天草富岡懐古録』（昭和八年）とほぼ同じ文章がいくつもあり、大部分が松田の著書からの引用である）。この「天草島鎮撫」は、第二次富岡陣屋襲撃事件に対する、これまでの理解を代表するものである。要するに、浮浪の徒による陣屋襲撃という犯罪行為を海援隊（土佐藩）や薩摩藩が、協同して鎮圧したという「物語」である。

「天草島鎮撫」の前半は、花山院隊の結成と彼らによる四日市陣屋襲撃と鎮圧、それに室積での花山院家理拘束などの経緯を述べる。その際、花山院隊を「北九州を横行する浪士団」と述べている。また御許山鎮圧では、報国隊の福原が「事理を説いて暴発を中止するよう勧告したが承知しない」。そして首魁三人を討ち果たし、首をさらしたという。あくまでも花山院隊は、「事理をわきまえない悪質な浪士団」として扱われている。以下、事件の顛末を要約して紹介しておきたい。

一月一八日、結城下総介と児島備後介率《（ママ）》いる「別団」が、天草島へ「侵入」した。そして一九日、児島備後介・結城下総介から、佐々木三四郎・大山壮太郎・吉井源馬あてに、天草渡海の理由と天草鎮撫への協力を求める書状が届いた。しかしこの書状が届いたときには、すでに海援隊は豊前四日市の情報（陣屋襲撃）を得ていたので、「長崎会議所では児島・結城らの一味をまったく信用しなかった」。ただ、この一味をそのままにしておいては、どのような異変が生じるかも知れないので、会議所では派遣隊を編制した。土佐藩からは海援隊の吉井源馬・山本復介の二名、薩摩藩から二名、大村藩から二名、長崎地役人二名、これに薩摩藩兵二小隊がつき、一月二一日の早朝に天草に渡った。その夜、富岡の吉井源馬の宿に薩摩の二名が同席したうえで、結城と児島を呼び寄せ会見した。そしてふたりに対し、「国を思う志には同感するが、出処進退を誤っている。これ以上、堂上《とうしょう》（公家）の名をかりて不穏な行動を取るなら見逃すことは出来ない。このさい当地を引きあげてはどうか」と告諭した。結城らはこの形勢にあきらめをつけ、告諭を受け入れ「退島するから後をお頼みする」といって退いた。あっけない結末に吉井は、「残念なことに砲声を聞かずして事が治まりました」と佐々木宛に報告したという。平尾は、「吉井源馬らの機敏な行動が功を奏したのである」と、この事件における海援隊の「お手柄」を評価している。なお平尾は、「児島備後介」は児島長年ではないと正しく指摘しているが、誰かは「詳らかでない」としている。繰り返しになるが、ここに登場する「児島備後介」は、児玉小介（幸助）でもと薩摩藩士である。

松方助左衛門（正義）の報告書

富岡への薩摩藩兵派遣の経緯については、佐々木三四郎（土佐藩士）とともに長崎会議所の実質的運営を行っていた、薩摩藩の松方助左衛門（正義）から、国許の家老桂久武あての報告書（一月二二日付、天草派兵の翌日）がある（「松方正義ヨリ桂久武へ長崎奉行所処分ノ顛末報告」『鹿児島県史料』）。事件関係の部分だけを抜粋し、要約（現代語）して紹介したい。

天草へ浪士どもが三〇人ばかり、当地（長崎）から渡海し、すでに色々な混乱が生じていました。右の連中は花山院の宮様の内勅を奉じて、天草の奸（幕府支配）を除き、土民安堵を処置したい、そのために薩摩・土佐・大村の兵によろしく頼むとの書状を土佐藩に送ってきました。しかし今となっては、浪士などへ内勅を与えるなどということは、夢にもあるまじきことで、きっと「例之偽」に違いないと愚考しました。しかしそのままにしておくことも出来ず、会議所では鎮圧が必要だとして、すぐに軍兵を派遣することに決しました。（会議所では）はじめ私は、わざと黙っておりました。会議所では、天草は肥後がいま警備役だから、肥後藩が兵を出して鎮圧すべきだ、との意見がでました。しかし肥後は、引き受けることはできないといいます。すると土佐の佐々木が私を呼び出して、「いずれにしても、薩摩でなければ、天草の問題解決は難しい。このままでは、却って混乱が生じるかも知れない」と内々にいいました。私はそれこそ、「望所之幸」（望むところだ、思い通りだ）と思いました。しかし会議所の議決がなければ派兵できないとして、議事にはかることになりました。すると会議所では異論はなく、各藩とも薩摩に頼みたいというので、即座に引き受けました。（中略）結局、肥後は引き受ける事が出来ず、これは実に好機会な事（絶好のチャンス）でございました。

このような経過を経て、薩摩藩の渋谷彦助と本田杢兵衛率いる二小隊が、天草の富岡へ派遣されたのである。

右の史料には、いくつか注目すべき点がある。まず第一に、松方が第二次富岡陣屋襲撃事件の報を得て、すぐに「例之偽」だと即断している事である。松方は今となっては（「当今ニ至り」）、浪士などに内勅など与えるはずがない、という。「当今」とは、何を意味するのであろうか。おそらくは王政復古のクーデターにより「維新政権が成立した今となって」、または「鳥羽・伏見の戦いで薩長土が幕府に勝利した今となって」という意味だろう。この期に及んで浪士（かつての草莽たち）などに挙兵の内勅などをあたえるはずもない。もし、そのようなことを騙《かた》る（詐称する）者がいるとすれば、それは間違いなく「例之偽」だというのである。ここで「偽」という語がでてくることも注目されるが、「例之」は、何か具体的な事件を想起していっているように思われる。後述するように、新政府は慶応四年一月中頃には、草莽を斬り捨てる（勤王を口実にした逸脱行為を取り締まる）方針を決定する（終章）。その後、いわゆる「偽官軍」事件がいくつか起こるのだが、その一番早いものが花山院隊事件なのである。松方が想起している事件とは、もしかしたら豊前四日市の御許山騒動だったかもしれない（長州藩はこの時点で、花山院隊の鎮圧に乗り出している）。いずれにしてもこの時点で花山院隊は、松方によって「偽」であろうとみられていた。

第二は、松方が薩摩藩による天草派兵をはじめから期待しておきながら、長崎会議所の決定に従うという形にこだわったことである。松方は会議所の議事を、はじめ黙ってみていた。会議所ははじめ、天草警衛を幕府から命じられていた肥後藩が派兵すべきだとした。至当な意見である。しかし肥後藩がこれを断った。議事は行き詰まるかにみえたが、土佐の佐々木が松方を呼んで、「これを解決できるのは薩摩以外ない」と内々にいう。この時松方は、「望所之幸」だと思ったという。薩摩の派兵を会議所に提案したところ、一同異議無し。薩摩の派兵は、会議所の総意となった。松方は即座に派兵を引き受けた。すでに述べたように、薩摩藩は天草に対し領土的野心を抱いていた。しかし薩摩藩による派兵が会議所の意思となったいま、堂々と派兵が可能になったのである。

第三は、肥後藩が派兵に踏み切らなかったことを「実ニ好機会」であると、露骨に述べている点である。薩摩藩が最も警戒していたのは、おそらく肥後藩だった。それはやはり天草をはじめ、九州の旧幕府領をめぐる支配権争いが根底にあった。松方は派兵が決定しても、肥後藩が二〇〇～三〇〇人派兵するのではないかという風評が茂木《もぎ》あたりであることに警戒していた。もし熊本が派兵することになれば、「混雑」（両藩の衝突や小競り合い）もあるかもしれないといっている。しかし、心配したような事態は生じなかった。肥後藩が会議所で派兵を断った直後に、タイミング良く佐々木が松方を呼んで、内々に派兵を促した。会議所の運営を事実上リードしていた佐々木（土佐）と松方（薩摩）の連携もまた、絶妙であった。

薩藩に随従して違背せず

松方の報告書は、天草派兵の翌日（一月二二日）のものであった。そのおよそ一〇日後の二月朔日、薩摩藩は天草支配のための藩士を新たに派遣し、天草郡の在地役人（山方役人、遠見番人）と庄屋、町年寄に対し、次のような布告を行った（『改訂肥後藩国事史料巻八』）。

天草一島はこれまで、徳川の支配であったけれども、このたび王政復古が宣言され、未だ明確な支配者がいない。そのような折に浮浪の輩どもが狼藉を行ったという事を聞いている。そこで鎮静のために出兵するので、人心安堵して、少しも疑惑をいだくことなく、朝廷のご沙汰（指示や命令）を待っておくこと。

薩州陣営

「浮浪の輩どもが狼藉を行った」とは、いうまでもなく第二次富岡陣屋襲撃事件をさしている。そしてさらに、天草郡内すべての地役人たちに、以後「薩藩に随従して違背しない」という証文（二月三日付）をそれぞれ提出させている。そこでも「狼藉体の者どもが数十人侵入致したところ、薩州様が出兵されて、一島人心も安堵しました」といわせている。薩摩藩としては、第二次富岡陣屋襲撃事件が天草支配の口実としては、うってつけだったのである。

天草支配の薩摩藩と肥後藩の対立の結末はどうなったのか。二月二九日、新政府から肥後藩に対して正式に天草警衛の命令が出る。薩摩藩の野心は、挫折する結果に終わった。ただし、この段階ですでに肥後藩を含む九州諸藩は、薩摩藩主に対し「勤王の誓詞」を提出しているから、薩摩藩にとって「挫折」としても、大きな痛手ではなかったに違いない。ただこの決定にいたるまで、天草は薩摩藩が実効支配していたのである。薩摩藩が、「天草の管轄権」を肥後藩に引き渡す命令を天草滞陣中の薩摩藩兵に伝えたのは、三月七日のことである。そこにある撤兵の理由として、「正月中に派兵して浪士の紛擾を鎮圧し、その後天草を管理してきたけれど、この度朝廷から天草の管理を肥後藩に命じられた（から）」との注記がある（『鹿児島県史料』）。

二度の富岡陣屋襲撃事件の真相

これまで不可解な事件として扱われてきた、第二次富岡陣屋襲撃事件の真相について、推測も交えながら考えてみたい。

花山院別働隊の結城小太郎は、おもに長崎で活動をしていた。活動の内容は、ひとつに土佐藩や薩摩藩と結んで、来たるべき挙兵の準備をすることである。その過程で、結城は海援隊の吉井などに接近した。もうひとつは、長崎での武器調達である。第一次富岡陣屋襲撃事件後、結城らは強奪した八〇〇〇両の約半分を使って、長崎で武器を購入している。誰からどのようにして武器を調達したかは不明だが、おそらく土佐藩や薩摩藩の関係者を仲介として購入したのではないだろうか。長崎で兵器を購入するためには、資金も重要だが、購入のための人脈やノウハウが必要だろう。普通の店舗で、商品を購入するようには行かないはずである。また兵器購入のほか、残りの軍資金で第二次富岡陣屋襲撃事件への参加者なども長崎で募ったと思われる（これについては第六章参照）。

第一次富岡陣屋襲撃事件では、襲撃に成功し多額の軍資金を手にした。金を奪ったあとは、草莽隊としての何らの主張もせず、さっさと引きあげた。この時は陣屋を襲って幕府領の支配に打撃を与えること、それに軍資金奪取と窪田代官殺害などが目的だったといってよいだろう。二度目の富岡陣屋襲撃事件は、花山院の威光を背景に天草の鎮撫を行い民心をひきつけ、さらに諸藩を勤王討幕へ向かわせることであった。とくに天草の目と鼻の先にある、長崎に在駐している九州諸藩への影響力を拡大したかったものと思われる。もともと花山院隊の目的は、九州の幕府領（特に日田）を襲撃して占拠し、諸藩を討幕へ向かわせることであった。中でも天草の警護を預かっている肥後藩は九州の大藩でもあり、その動向は重要だった。しかし天草という広大な土地を、花山院隊程度の草莽隊が占拠するなどということは、はじめから現実的ではない。ならば天草の支配権を肥後藩から薩摩藩が奪い取れば、花山院隊としての目的は一部達成される。これができれば、富岡を放棄し豊前に急行し、御許山の本隊に加わる手はずだった。御許山が首尾良く行けば、次には日田へ向かう計画だったのではないだろうか。

長崎奉行所と日田代官所が崩壊して、九州の幕府領は宙に浮く状態となった。九州の各藩は、この空白区へ侵入する動きをみせる。そのような中、薩摩藩も天草や日田に触手を伸ばす。薩摩藩にとって天草は、縁もあり牛深港も魅力的だった。薩摩藩は、天草に対する領土的野心をもっていた。第二次陣屋襲撃事件は、薩摩藩や土佐藩、さらには大村藩の三藩が幕領天草へ関与するきっかけをつくった。松方の報告書をみれば、この事件は薩摩藩兵を天草に派遣する絶好のチャンス、口実となったことがわかる。

そもそも薩摩藩の富岡陣屋襲撃事件への関与は、はじめから濃厚であった。まず、第二次富岡陣屋襲撃事件の首謀者のひとりである、児玉備後介（児玉小介）は、もと薩摩藩士である。児玉は、第一次富岡陣屋襲撃事件の前に、襲撃メンバーのひとりである矢田宏に「鹿児島で」三〇〇両を手渡した「児玉甲介」と同一人物の可能性が高い。もしそれが事実なら、児玉は矢田に資金を渡したあと、鹿児島から長崎にやって来たことになる。ふたつ目に第一次富岡陣屋襲撃事件の時には、薩摩藩士菊池謙蔵が襲撃計画段階で加わっており、さらに部下の蜂須新之助を襲撃に加わらせている。さらに、薩摩藩の蒸気船も現場周辺に出没していたという。

こうみてくると、花山院別働隊と薩摩藩、さらには海援隊の吉井ら（土佐藩）とは、二度の富岡陣屋襲撃事件を通じて、互いに連携（結託）していたのではないかと思われるのである。二度目の襲撃の時、花山院別働隊が天草の富岡に滞在したのはわずか六日間（一月一八日から二三日）だった。花山院別働隊は薩摩藩兵が富岡にはいって（二一日）、わずか二日後の二三日に「速やかに撤収」した。これまでこの事件を扱った書物は、この行動を「あっけない」「たわいもない」「不可解」と評してきた。要するに、理解に苦しんだのである。しかしこれまで書いてきた事実から推測すれば、彼らの動きは計画的な、既定の行動だったと思われるのである。

　最後に第一次富岡陣屋襲撃事件と第二次富岡陣屋襲撃事件における、花山院別働隊のメンバーの違いを指摘しておきたい。第一次富岡陣屋襲撃事件は、二〇名ほどだった。そのメンバーの半分ほどは、氏名も含めて判明する（『復古記』などに記載）。それをみれば、多くは豊前を中心に北部九州で尊王攘夷活動を展開したいわゆる草莽たちである。いっぽう、第二次富岡陣屋襲撃事件は、別働隊の三九名だった。人数がはっきりしているわりには、構成メンバーの実態がほとんどつかめない。二度目の事件で名前が出てくるのは、首謀者の結城小太郎と児玉小介、それに山崎幾之丞宅に現れる原田次郎（この人物も実態は不明）くらいである。次章では花山院別働隊が遭遇する、香春鍋屋騒動を取りあげるが、この事件に関わったのは三四名だった。だから途中で隊を離脱した者もいる（結城もそのひとり）が、人数としては大きく減少していない。鍋屋騒動に遭遇した三四名をみると、武士らしき者はせいぜい二〜三人である（そのほか、肥後藩の密偵がひとりいる）。多くは船乗りか百姓である。また若い書生らしきものがふたりいる。そしてそのほとんどが、長崎で「入隊」している。おそらくほとんどの「隊士」は、児玉や結城に金で誘われて加わった者たちであると思われる。つまりここには、いわゆる草莽隊としての花山院隊の本来のメンバーはほとんどいなかったのである。そんな人々、いい換えると「金で買われた烏合の衆」が、御許山の本隊に合流したとして、草莽の志をもって戦うことが可能だっただろうか。

　このようにみてくると、第二次富岡陣屋襲撃事件の意義とは、いったい何だったのだろうかと考えざるを得ない。第二次富岡陣屋襲撃事件は、結果的には、薩摩藩の天草侵入の契機となっただけ、それに利用されただけではなかったか。次章でとりあげる鍋屋騒動の悲劇をみるにつけ、そう思わざるを得ない。

第六章

香春《かわら》鍋屋騒動

——田川郡香春

花山院隊事件は、小倉藩にも飛び火した。第二次天草富岡襲撃事件で撤収した花山院別働隊は、御許山の本隊に合流すべく、天草から豊前御許山を目指した。しかしその途上、筑前松崎（現福岡県小郡市）で御許山の本隊が、長州藩によって鎮圧されたことを知る。去就に迷ったものの、別働隊はそのまま豊前に向かう。途中、田川郡の香春《かわら》（現福岡県田川郡香春町。小倉戦争敗北後、小倉藩が香春に退き藩庁を置いていた）を過ぎて、いったん豊前勝山（現福岡県京都《みやこ》郡みやこ町）に入るが、隊はここで二手に分かれる。別れた一隊がふたたび香春もどり、鍋屋に止宿した。ここで惨劇がおこる。止宿した二四名のうち、半数の一二名が香春（小倉）藩兵により、「浮浪の徒」として殺害されるのである。なぜこのような悲劇が起きたのか。

この事件には、またも薩摩藩士が深く関与した。また事件後の処理には、長州藩も関わっている。そして香春（小倉）藩は、この事件を通じて「勤王」に違わないことを証明させられた。

福岡県香春《かわら》町旧蓮華寺墓所

福岡県田川郡香春町。町のシンボルは香春岳。セメントの原料である石灰岩を採掘しているため、山の頂上は削り取られて平らになっている。その香春岳の裾野に張り付くように旧香春藩（小倉戦争で敗北した小倉藩）庁が一時置かれた小さな町が残る。近世の香春は、細川氏の支城香春岳城の城下町として形成された。小倉藩領となって以後は、小倉街道沿いの商人町として栄えた。町の北東の一角に西念寺がある。その門前に旧蓮華寺跡とその墓所はある。蓮華寺は現在移転して、跡地は更地になっている。蓮華寺跡地の墓所は、ブロック塀に隠れてはいるが、「香春鍋屋騒動殉難者供養塔」の看板がすぐ目に入る。墓所にたどり着くと、入り口から右手に比較的新しい五輪塔がある【写真5】。正面には、「鍋屋騒動殉難之諸霊位」とある。そしてこの塔の右には、不自然に位置する平たい自然石がある。墓所には香春町教育委員会が作成した案内板があって、次のように書かれている。

香春「鍋屋騒動」

慶応四年一月、薩摩藩児島次郎を隊長とする三十数名が、長崎から筑前領を通り、小笠原藩領に入ってきた。

二十八日《（ママ）》、一行は勝山の上野《うえの》に泊まり、二十九日《（ママ）》、その内、二十四名は香春魚町旅館「鍋屋」に入り、隊長はじめ十人程は行橋の大橋旅宿「松屋」に宿す。

その頃領内では、朝廷・幕府からの通達もあり、不審者などを領内に入れることを禁止する厳戒体制下であった。薩摩藩士鮫島元吉を呼び調査したところ、「浮浪の徒」であることが判明した。

香春藩庁では、ひそかに藩士を集め、召捕隊を結成し、翌二月朔日《（ママ）》未明を期して鍋屋に踏み込んで、抵

【写真5】旧蓮華寺跡「香春鍋屋騒動殉難者供養塔」

抗・逃走する者を斬り、又は、捕縛《ほばく》した。斬殺《ざんさつ》された首級は、罪人として西念寺の塀の上に梟首（さらし首）された。哀れに思った蓮華寺第十七世円浄院日要上人が、藩庁に願い出て、寺域に埋葬（十二名）した。現在春の大祭に蓮華寺壇《（ママ）》信徒によって法要が続けられている。

藩庁の捕手方は、児島等のいる大橋「松屋」に急行し、取調べを続け、全員を捕縛《ほばく》後香春に連行する。隊長の児島は《（ママ）》「花山院家理卿の令旨」のことを告げた。薩摩藩脱藩浪士児島次郎とわかり、捕らえられた後、薩摩へ帰る。

慶応三年十二月五日《（ママ）》、天草富岡陣屋を急襲。翌正月十五日《（ママ）》、宇佐御許山《おもとさん》で、花山院党を名乗る尊攘派浪士の挙兵した「御許山事件」などと併せて、その真相を考えたい。

（「辰年二月朔日浮浪召捕之記」「志津野文書」などによる）

平成十八年十月八日　　　　香春町教育委員会

案内板の文章によって、鍋屋という宿で、事件があったことは分かる。ただ、日付が一日ずつずれている。一団が香春を通過したのは二九日、香春に戻って鍋屋に止まったのは二月朔日夜。事件は、二月二日の未明に起きている。また、宇佐御許山の事件も一月一四日の誤りである。また、襲撃されて殺害された「浮浪の徒」が「花山院別働隊」だったとは、全く触れていない。そのため、なぜこのような事件が起きたか、これでは全く分からない。御許山事件との関連も、匂わせてはいるが不明である。

襲撃された一団は、単なる「浮浪の徒」などではない。前章で述べてきた、花山院別働隊である。ただし、長州藩や薩摩藩からは、「浮浪の徒」との烙印が押され、香春藩士によって多数が殺害された。以下、『香春町史』などによりながら、まずは事件の全容をみていきたい。

幕長戦争（小倉戦争）と香春藩の成立

事件の全容の前に、「香春藩」について述べておく必要がある。案内板でも「小笠原藩領」や「香春藩庁」という語を使っており、いささか混乱している。香春藩とは、小笠原氏の小倉藩が慶応二年六月の幕長戦争（第二次長州征討の時の幕府軍と長州藩との戦い。「小倉戦争」「小倉口の戦い」ともいう）で長州軍に敗北し、香春に退却して成立したものである。

第二次長州征討においては、動員された諸藩の反応は鈍く、戦意も低かった。第一次長州征討で、多大な戦費を使い出兵したものの戦闘はなかった。戦闘がなかったのは良いとして、どの藩も財政難に苦しんでおり、たび重なる出兵に苦慮していた。加えて幕府軍の主力となるべき薩摩藩は、長州藩と秘密同盟を結んでおり出兵を拒絶した。小倉藩側には、熊本・久留米・柳川・中津・府内など九州諸藩の藩兵が集結したが、どこも小勢（一〇〇～二〇〇人ほど）だった。ただ肥後藩だけは、小笠原家との縁が深く軍夫を含めると一万人ほどを出兵した。

小倉藩兵は、洋式化された長州藩と果敢に戦った。また、肥後藩も小倉藩をよく援護した。しかしその他の藩は小勢でもあり、幕府軍にいたっては傍観する有様であった。七月下旬になると思わぬ事態が発生する。大坂城にいた将軍徳川家茂《いえもち》が、二〇日に急死したのである。訃報はやがて、小倉城で指揮を執る九州軍総指揮小笠原長行《ながみち》（老中。小倉藩主と同姓の小笠原だが、長行は唐津藩主）のもとに入り、諸藩にも伝えられた。これを受け、九州各藩は撤退をはじめる。撤退した各藩の陣地は、小倉藩兵が分散して入った。各藩が撤退する中、小笠原長行も船で長崎方面に逃れた。小倉藩では軍議の末、いったん田川郡の香春に退却し、体勢を整えることに決する。八月一日、小倉城は自焼によって炎上し、小倉藩兵は一斉に退却した。

【写真6】旧香春藩庁門（香春小学校内）

当時の小倉藩主は幼君豊千代丸（のちの小笠原忠忱《ただのぶ》。当時、数えの五歳）で、藩政は新田《しんでん》藩（豊前上毛《こうげ》郡の一部）主小笠原貞正が後見していた（実質上、政務を一任されていた）。そこで幼君の豊千代丸は、肥後藩領に退避することになった。肥後藩初代藩主細川忠利の正室千代姫は、小倉初代藩主小笠原忠眞《ただざね》の妹であり、両家は昵懇《じっこん》の間柄であった。慶応二年（一八六六）八月一日に小倉を出た豊千代丸とその一行は、香春を経て筑前に入り、山田、秋月、久留米、瀬高を経て肥後藩領に入った。肥後では山鹿、隈府《わいふ》（現菊池市）を通過し、八月一二日に阿蘇内牧《うちのまき》（現阿蘇市）に到着した。ここまで、一〇日あまりの行程であった。一行は内牧で疲れを癒やし、熊本城下に新築中の仮御殿の竣工を待って、一一月二〇日に熊本坪井（現熊本市）に入る。幼君はここで一年半を過ごすことになる（慶応四年三月一二日に香春に帰着）。

いっぽう小倉藩士約三〇〇〇人とその家族約一万人は、その多くが田川郡へ、一部が京都郡《みやこ》・仲《なか》津《つ》郡と豊後国日田に退避、疎開した。田川郡では、奉行所に召集された大庄屋と庄屋が待機していた。そして奉行所の役人と大庄屋が、疲れ切った藩士とその家族を数家族ずつまとめて庄屋に引き渡した。庄屋は収容可能な人数を引率して、止宿先を決めていった。これ以後、疎開生活はおよそ三年半におよぶ。ただし、明治二年には藩庁が豊前豊津《とよつ》（現京都郡みやこ町）に移され（一二月二四日）、香春藩は豊津藩となり、ここで廃藩置県を迎える（明治四年）。

小倉藩と長州藩の講和条約（止戦条約）交渉は、はじめは難航したが、慶応三年一月二六日にようやく締結された。条約では、小倉を含む企救《きく》郡は、長州藩に預けることになった（長州藩による企救郡の事実上の占領）。これで当面、念願の小倉復帰が叶わぬ事が確定した。こうして小倉藩は、香春に藩政機構を整備することになった。こうして、香春藩が成立した。香春藩庁は、現在の香春小学校に置かれた。現在も藩庁の門が、香春小学校内に保存されている【写真6】。

香春藩の構え

慶応四年（一八六八）正月二九日夕方、薩摩藩士児島次郎率いる一隊三四名が、筑前松崎（現小郡市）からやってきて香春を通行。そのまま過ぎて同日夜、京都郡の上野新町に一行は止宿した。一行は香春を通過する際、香春藩庁には「我らは薩摩藩士で上洛の途中である」との届を出していたという。二月一日（朔日）、上野新町で一行は二手に分かれ、二四名は香春に引き返し、同日鍋屋に止宿。残り一〇名は、沓尾《くつお》浦（現行橋市）に向かった。それぞれが向かったのは、全く逆の方向である。香春藩庁は、はじめからこの一隊の動きを不審に思い注視していた。というのも、一行が香春を通過する二日前の二七日、次の様な長州藩からの要請文が香春藩庁に届いていたからである。

一通の要請文書を拝呈いたします。ついてはこの度、浮浪の者共が本国（長州藩）の下関に潜伏し、（下関の）地元民を誘導して（報国隊を）脱走し、豊前四日市において暴発の末、御許山に楯籠もり、花山院御隠居家理卿の内命などと唱え、党（仲間）を募り（四日市の）地元民のくらしを妨害し、かつ長州藩だと名乗る者たちがいます。いまや朝政御一新の時に、国名（長州藩の名）を穢《けが》す行為に当惑し傍観する事が出来ません。依ってこれをとり糺すため、（長州藩兵が）出張応接の上説諭しましたけれども、頑固で凶暴なものたちは承服せず、彼らから粗暴な行動に出ました。そこでやむを得ず、首謀者を召し捕り抹殺し、巣窟を掃除しました。ついては残党の者どもが、成り行き上尊藩（香春藩）の領内に潜伏し、再び同じような事をしないとも限りません。彼らは明らかに賊徒であるので、迅速に逮捕して頂きたいと思います。そのためにこの文書を送りました。恐惶謹言

正月二十六日　　　　　長州藩各中

三浦治右衛門　広瀬徳次郎様

これを受けて香春藩では二七日付けで、「別紙の通り、長州藩四日市出張の者から申し入れがあったので心得ておく様に。右の様な怪しい者を見つけたならば召し捕る事」という指示を出している。

つまり香春藩は、二七日の段階で御許山騒動のあらましを知っていた。そして、「御許山の残党が香春に来る可能性がある。不審な者を見つけ次第捕縛する」という体勢をすでにとっていたのである。そこへ二九日、児島が率いる「怪しい者」たちが、香春を通過して豊前方面に向かったのである。

ここで香春藩（旧小倉藩）の置かれた立場を考えてみたい。小倉戦争では幕府軍の主力として奮戦したものの敗北し、やむなく香春へ撤退した。この年正月三日にはじまった鳥羽・伏見の戦いでは、幕府軍は薩長に敗北して朝敵となった。香春藩としては、何としても朝敵という汚名ばかりは免れたい。ならばここで、朝敵ではないことを証明する働きをみせなければならない。香春藩は長州藩からの通達を受け、並々ならぬ決意でこの事件に対処しようとしたと思われる。

花山院別働隊の経路

さて、児島次郎の一隊は、どのような経路で香春に来たのか。捕縛された後の口述などから、彼らは三池港（現大牟田市）から上陸した様である。ただし、これが何日なのかは分からないが、天草の富岡を襲撃した花山院別働隊が、富岡から姿を消したのは一月二三日であったから、三池上陸は二四日であろうか。彼らは二九日には香春をいったん通過している。とすれば、児島次郎の一隊が三池から香春に到着するまで五日間ほど経過していることになる。その後別働隊は、二九日に「筑前地より香春表へ通行致し」、勝山の上野新町にはいり止宿した。「筑前地」とは、筑前松崎である。ということは、三池から筑前松崎を経て、その後田川郡の香春を通過し、豊前京都郡の勝山へ向かったという経路である。『香春町史』では、その経路を「三池上陸―筑前―下関と通過、仲間と連絡し、すぐに御許山隊に合流を命ぜられて企救から田川に入った」と推定している。しかし彼らが、下関を経由した事実は確認できないし、おそらく下関へは行っていない。そうすると三池から香春に至るまで、通常より若干多く時間を費やしているように思われる。その理由は分からない。ただ、豊前宇佐の御許山を目指した行動であることは間違いないであろう。

その御許山の花山院隊は、すでに一月二四日には制圧されている。それは彼らが三池に上陸した頃である。実は『鹿児島県史料』に収載されている、花山院隊事件関係の史料（「下之関滞在樺山彦太郎鮫島元吉ヨリ桂右衛門ヘノ報告」、以下「鮫島報告」と略記）から、この一行が筑前松崎に滞在中、「四日市之一巻」（御許山騒動の顛末）を知らせる飛脚が到来したことがわかる。日付は記されていないが、香春に入る直前である。この情報を得て、松崎で一行を離脱した者もいた（後述）。はじめは御許山への合流が目的であったが、御許山鎮圧の情報を得て、去就に迷いながら移動していたと考えられる。二九日に田川郡の香春を通り越して、京都郡の勝山上野新町に行き止宿した。その後、一隊のうち二四名は香春に引き返して、二月一日に香春の鍋屋に止宿する。これは御許山の方向とは逆である。ということは、この二四名は御許山に合流する事を断念し、長崎方面（多くのメンバーが長崎で別働隊に加わっている）に引き返していたとみてよいだろう。ということは鍋屋では、御許山への「合流を断念した花山院別働隊」が「浮浪の徒」として襲撃されたことになる。彼らは香春藩に対して、一片の敵意も持っていなかったにちがいない。

そして残りの一〇人は、二四人とは逆の方向である豊前大橋の沓尾浦（現行橋市）の方へ向かった。

こちらは宇佐に近くなるのだが、大橋の松屋で止宿するから、御許山に向った様には思えない。「鮫島報告」には、豊前から下関に渡海し、花山院一行に合流するつもりだったとある。たしかに花山院本人とその一行は、周防の大島郡付近にいた。が、その花山院自身も、すでに一月二〇日に長州藩に拘束されていた。

「鍋屋騒動」の事件現場

鍋屋騒動に関する香春藩の史料（記録）は、①「志津野家文書」中の藩に対する事件の報告書と②事件後藩庁が作成した事件の調べ書「浮浪召捕之記」（事件の経過、浪士たちの身元調べ、事後処理）の二つがある（『香春町史』）。この二つの史料は、どちらも香春藩が作成した史料である。従って、浪士襲撃・鎮圧（浮浪の徒の取り締まり）の正当性が述べられていることは、いうまでもない。史料はもうひとつ、さきにあげた③「鮫島報告」がある。これは薩摩藩の目付である鮫島元吉の国許家老桂久武あての報告書である。こちらもまた、間接的な関与とはいえ、鍋屋を襲撃した側の史料ということになる。それでもこれらの史料を総合すると、事件の真相が次第に浮かび上がってくる。

①「志津野家文書」によれば、「一月二九日、薩摩藩士児島次郎はじめ三〇人余りが筑前から来て香春を通過し、上野新町に止宿した。ところが翌日二月一日に一行は二手に分かれ、二四人は香春に引き返し、あと一〇人は沓尾浦（現行橋市）に向かった。そのようなところへ、薩摩藩士鮫島元吉という者が小倉から香春へやってきた。（香春藩は鮫島に対し、この一行が薩摩藩士たちの集団かどうかただしたところ）鮫島によれば「この一行は薩摩の名を借りる全くの浮浪の徒に間違いない。皇

国のため、召し捕って鎮定すべきです」という。そこで昨夜（二月一日）鍋屋に止宿した「浮浪の者ども」を今朝（二月二日未明）、薩摩の鮫島らが鍋屋で糺問したところ、脱走しようとしたため追い詰め、抵抗する者は余儀なく斬り捨て、そのほかはことごとく召し捕り、鎮定致しました」という。

鮫島元吉は、下関詰めの薩摩藩横目である。豊前四日市や豊後日田（何れも旧幕府領）の状況を探索するために、一月二九日に下関を出て二月一日に「香春町駅所」を通りかかった所だった（「鮫島報告」）。ここで重要なことは、これまで事件は二月一日の未明に発生したといわれてきた（この章の冒頭に紹介した香春町教育委員会の旧蓮華寺墓所の案内板も朔日となっている）が、史料を総合すると事件は二月二日の未明の出来事である。

②「浮浪召捕之記」は、鍋屋での惨劇が香春藩士の実名も交え、生々しく伝えている。これによれば、鍋屋に止宿していた者は二四人だった。香春藩士が襲撃したのは、二日の「明六つ」というから、冬の夜明け頃である。香春藩士が鍋屋に踏み込むと、「浮浪ども」は、庭の隅に隠れたり、大釜の下に隠れたり、奥の間の布団の下に隠れたりしていた。「浮浪ども」は、いずれも各所に隠れていて、藩士たちと斬り合う、つまり抵抗するような状況ではなかったようである。藩士たちは、隠れている「浮浪ども」を引き出して討ち取ったり、また生け捕りにした。抵抗せず隠れている者を殺害して、斬首していったのである。現場の近くの西念寺に遺体や生け捕りにした者が集められたが、「討取十級、手負深手二人、生捕七人、都合二十二人の中、外に二人は行方相知れず脱走致し候」という。合わせて二四人になる。犠牲者の中には、「十四才位になる者で自害したと思われる」者も含まれていた。深手の二人はまもなく死亡したから、鍋屋での犠牲者は全部で一二名であ

る。そして冒頭に紹介した香春町教育委員会が作成した案内板の通り、斬殺された一〇人の首級は、罪人として西念寺の塀の上にさらし首にされた。事件の翌日の二月三日には、旧蓮華寺の墓地に葬られたという。

③「鮫島報告」では、事件現場の状況が少し異なっている。それによれば、「二日暁」、鮫島と配下の足軽（國分平八郎か）が香春藩士より先に鍋屋に赴いた。足軽を使って鍋屋に止宿している者に「薩摩の者か？名前は何か？」と尋ねさせたところ、「薩摩の児島次郎である」と答えた。「そのような者は知らないが、変名ではないか」というと、「実は児島次郎ではなく児玉小介で、我々はその家来である。しかし児玉は下関に行くというので別れた」という。ほかの者にも同じ質問をしようとしたところ、手配に気づいたのか、武器を取りに宿に戻った。そして「六弾銃」（ピストル）を発砲し、抜刀して襲いかかってきた。そこで一斉に襲撃し、やむを得ず一〇人を斬り捨て、ふたりを捕縛したという。①②では「浮浪の徒」たちは、抵抗らしい抵抗もないまま多数が殺害された印象を受けるが、③ではピストルを発砲し抜刀して襲いかかったようにいう。①②では、ピストルの話は全く出てこない。

大橋松屋事件

②によれば、二月一日、上野新町で分かれた一〇人は、大橋へ向かい松屋という旅宿に止宿していた。鍋屋騒動の落着後、香春藩士一隊と鮫島、それに鮫島の部下國分平八郎は香春を発って大橋へ向かった。いうまでもなく、松屋の一〇人を捕らえるためである。松屋では、他の旅行客の巻き

添えを考慮してすぐに踏み込むことはせず、主犯格の児島次郎（児玉小介）を近くの柏屋へ誘い出した。児島とその部下二名が柏屋へ現れ、國分がこれと面会した。尋問の末、児島は薩摩脱藩浪士「児玉次郎」と判明した。そこで鮫島は、児玉だけは存命のまま鹿児島へ連れて帰りたいと、香春藩士に告げたという。藩に連れ帰り、責任を取らせようとしたのだろう。

柏屋では、お互いに状況を察して、極度の緊張の中でやりとりが行われた。この中で児玉は、「自分は花山院家理卿の令旨《りょうじ》（皇族や公家の文書）を持っているから、見せたい」といったという。状況からして、花山院家理の文書が、この時の児玉の手にあるとは考えられない。したがって、恫喝するためそういったのであろう。しかし、花山院の名を示すことで、自分たちの行動の正当性を主張するという意味もあったのだろう。結局柏屋では、児島以下三人は不意を突かれて取り押さえられ、残る松屋の七人もすべて捕縛されて終わっている。

③によれば、鍋屋の一件後、鮫島はまず國分を先に大橋へ向かわせた。そして「児玉小介」に違いないか確かめさせた。すると児玉に違いないことが判明。國分（または鮫島。どちらかはっきりしない）が面会し、花山院や御許山事件の経緯などを説明すると、児玉は驚いた様子をみせた。そして児玉は、「薩摩脱藩士は自分だけで、ほかはみな浮浪の徒だ」と答えた。これを聞いた香春藩士たちは、ほかの者たちの宿所へ向かい全員を捕縛した。児玉も捕縛して香春へ連れ帰り、これまでの一連の行動（天草の事件への関与など）について供述させた。それを聞いた鮫島は、この事（薩摩藩士が天草富岡陣屋襲撃事件などに加わっていた事実）がそのまま知られれば、薩摩藩内でも大問題となるだろう。また隣国（例えば肥後藩など）へ漏れたりすれば一大事だと思い、下関の同役（目付）

樺山彦三郎に知らせた。すると三日夜には長州藩の野村右仲が小倉から、四日夜には樺山が下関から香春に参着した。そして香春藩と薩摩藩、それに長州藩の野村も加わって事件の処置を協議した。その結果、児玉は他藩の手に委ねることなく、鹿児島に連れ帰り、薩摩藩の「国法」によって処罰すること、ほかの者たちの処分は香春藩に委ねることになった。

児玉小介のその後

児玉小介は罪人として駕籠《かご》に乗せられ、警備のため二人の足軽がつけられて、二月六日に香春を出た。そして昼夜兼行で、九日には出水の米ノ津（現鹿児島県出水市）に着いたという。この児玉小介はこれまで、第二次天草襲撃事件の中心人物でありながら、花山院隊事件に参加した人物に加えられていなかった。それは第二次天草襲撃事件で「児玉（児島）備後介」などと名乗っていたため、児島長年（備後）と混同されてきたからである（高木俊輔は、第二次天草富岡襲撃事件に児島長年が加わっていたと推定しているが、児玉と児島を混同していて、元薩摩藩士の児玉小介の存在を認識していない）。また、鍋屋騒動と花山院隊事件が、あまり関連付けて論じてこられなかったことも理由に挙げられよう。ただわずかに、大植四郎の『明治過去帳〈物故人名辞典〉』に「児玉幸助」として次のようにある。「児玉幸助　薩摩藩士にして一名児島次郎、明治戊辰正月、天草に航し幕府の陣屋を略し辱て、花山院家理卿を迎へんとして豊前に至り捕へられ後、藩地に於て自裁を命ぜらる」と。

この児玉幸助が、児玉小介と同一人物であることは間違いない。つまり彼は、薩摩藩に連れ帰られたあと、自裁（切腹）させられていたのである。鮫島の取り調べに対して、児玉は「脱走の身でありながら薩摩の名を用い、浪人を引き連れ兵器を携え、諸国を騒がせた事は申し訳ない事です」と述べている（「鮫島報告」）。児玉が切腹させられた理由は、ここにすべて語られているように思う。敗北した花山院隊事件の犠牲者が、ここにもいたのである。

児玉については、まだ不可解なことがある。慶応四年正月二〇日に、花山院家理とともに室積で拘束された矢田宏の供述書に「兒玉甲介」という薩摩藩士の名前が出てくる。矢田は、「慶応三年九月、長崎へ行き、同志の結城小太郎に面会すると、結城は兵器調達にはお金の工面がいるというので、私は薩摩へ行きました。そして、同藩の清水一郎、兒玉甲介の取りなしで、金三百両を借りて長崎に帰り、結城にお金を渡しました」というのである。おそらく、この「兒玉甲介」は児玉小介と同一人物ではないかと思われるが、これはどのように考えたら良いのか。普通なら得体の知れぬ矢田という人物に、なぜ三〇〇両もの金を渡しているのか。三〇〇両という大金は、藩の公金ではないのか。富岡の事件の背後には、薩摩藩の影があるのだが、これも思惑があって出した薩摩藩の金ではないのか。この矢田との接触後、「兒玉甲介」は長崎へ渡り、児玉備後介として第二次天草襲撃事件の中心人物となったのではないかと思うのだが、推測の域を出ない。また同じ供述書に出てくる「清水一郎」とは、清水誠一郎（精一郎とも）ではないだろうか。清水誠一郎ならば、本名を直江精兵衛といい元森藩士である。森藩の「内命ある脱走」（公認の脱藩）で密偵になり、東九州はもちろん京都などでも諸藩の情報収集を行っていた人物である。密偵としての直江は、「薩摩藩士清水誠一郎」と名乗っていたという。森藩は薩摩藩との関係が密接であったといわれ、大政奉還後、豊後諸藩の中で最も早く京都に登っている。その両藩を結びつけていたのが、清水誠一郎なのである。直江家の本家は、森藩領北中村《きたじゅう》（現別府市）の庄屋で、時の当主直江哲太郎は、御許山の義挙を企てたひとりである長三洲を援助していたという（入江秀利「長三洲をめぐる人々」）。「清水一郎」が清水誠一郎ならば、矢田宏と昵懇だったはずである（矢田は別府出身で、長三洲とも親しい間柄）から、清水を仲介にして大金を提供したとしても不思議ではない（これまでも清水（直江）のとりなしで、矢田が薩摩藩から資金を得たといわれてきた）。

ところで、第二次富岡陣屋襲撃事件のもうひとりの首謀者である結城小太郎について、事件後の彼の足取りはこれまで全く不明であった。ところが「鮫島報告」に「下総（結城小太郎―筆者）儀も筑後松崎駅において、四日市の一巻（事件の結末）の飛脚が到来、それから同人（結城）は長崎の方へ引き返すというので」とある。児玉と結城は、香春に入る前の筑前松崎まで、行動をともにしていたことがわかった。しかし、御許山騒動の鎮圧の知らせを得て、結城は一行と別れたようである。再び長崎へ向かったのだろうか。その後の結城の消息は、分からない。

鍋屋騒動の犠牲者たち

鍋屋騒動に話を戻そう。旧蓮華寺跡の犠牲者の墓所に、供養のための五輪塔が建っている。そこには、「殉難之霊御芳名」として、「（豊後日出）植村峯三郎・（長崎）熊本登・（長崎）服部定兵衛・（肥前天草《ママ》）原田養蔵・（長崎）謙吉・（江戸）城石金之助・（江戸）吉五郎・（江戸）卯之助・（伊豆）忠右衛門・（伊豆八丈）品蔵・（上総《かずさ》）傳四郎」と一一名の名前が刻まれている。出身地をみると九州が五人、あと六人は江戸や伊豆、上総（現千葉県の一部）など関東出身の人々である。苗字がない者は、百姓または船乗だと思われる。捕縛されたあと取り調べられた者について、「長崎表蒸気船乗りの水夫にて何も存知申さぬ旨申し出候」との記載がある（「浮浪召捕之記」）。おそらく香春での関係者三四人の多くは、花山院隊の「挙兵（義挙）」の経緯について「何も存知申さぬ」（何も知らなかった）者たちだったのであろう。

なお、鍋屋での犠牲者は一二人である。残るひとりは福原儀三という、肥後山鹿の武士（肥後藩士）である。福原は児玉ら別働隊が三池から上陸したのをみて、不審に思い内偵のため入隊したという。『香春町史』は、「肥後細川藩の目付であろうか」というが、おそらく肥後藩の密偵であろう。福原ははじめから、この一団を富岡陣屋襲撃に関わった者たちと認識して、別働隊に従ったと考えた方が自然だろう。従って、名前も本名かどうか分からない。この時期、各藩の密偵たちがしのぎを削っていた。彼は鍋屋で重傷を負い、二ヶ月後の四月朔日に死亡したという。ひょっとすると福原が殺されたのは、薩摩藩の目付である鮫島の標的（第二次天草襲撃事件への薩摩人の関与が知れないようにするための口封じ）になっていたからかも知れない。考えすぎだろうか。

【表3】（本章末に掲載）は、この香春鍋屋騒動で殺害または捕縛された三四人である。福原を除く殺害された一一人は、尋問を受けていないので、年齢や詳しい出身地、身分などが不明である。ただ、番号26の原田養藏（余蔵とも）は天草出身で、第一次富岡陣屋襲撃事件で花山院別働隊を手引きした中村蔵之助と同郷である。実家は裕福で学問にも長けた、前途有望な若者だったという。このとき弱冠一八歳だった（歳川喜三生「慶応三年富岡陣屋襲撃事件」の講演記録より）。【表3】の中で、武士らしき者はせいぜい二～三人である。多くは船乗か百姓である。また若い書生らしきものがふたりいる。そしてそのほとんどが、長崎で「入隊」している。おそらくほとんどの「隊員」は、児玉や結城に金で誘われて加わった者たちである。御許山を目指していたことくらいは知っていただろうが、とんだ災難に遭遇してしまった。気の毒な犠牲者たちというべきであろう。

捕らえられた者たちは、その後どうなったのか。『香春町史』では、身元引受人が来て引き取られ帰国できた者が九人、引受人がなく香春藩で下働きに召し抱えられた者が九人だったという。

薩摩藩と長州藩の動き

鍋屋騒動という事件を追っていくと、児玉小介という人物とともに、薩摩藩の動きがやはり気になる。うまく行き過ぎているように思うのである。まず、下関に薩摩藩の目付が配置されていたことに注目したい。長崎同様、下関もまたヒト、モノ、カネが行き交う重要地点で、情報も集中する。下関は、各藩の藩士が行き交っていた。薩長両藩の同盟締結以後は、薩摩藩士が下関には常駐していたであろう。薩摩藩の目付は、下関で御許山騒動や室積の花山院逮捕劇、さらには二度の天草富岡陣屋襲撃事件の情報を得ていたはずである。また下関は、花山院隊の活動拠点でもあった。彼らの情報を得るには、これ以上の所はない。さらには、長州藩との情報交換も至って便利である。

目付の鮫島が、二月一日に香春に着いた前日に、「児島次郎」一行が香春を通過している。偶然なのであろうが、絶妙のタイミングであった。両者がこのタイミングで出会っていなかったら、鍋屋騒動は起きなかったであろう。鮫島は御許山騒動後の四日市や日田の状況を探索するために一月二九日に下関を出たというが、児玉たち別働隊の動きを知らせる情報もあったかも知れない。であれば、両者が出会ったのは偶然とはいえない。

事件後に、長州藩の野村右仲が事後処置に加わっていることも注目される。野村は報国隊の福原とともに、御許山騒動鎮圧部隊の指揮官で、すでに何度も登場している（第二章）。御許山騒動の事後処理にもあたった。鮫島から同役の樺山への知らせは、長州藩にも伝えられ、小倉にいた野村が香春に急行したと思われる。野村は鮫島の「懇知の者」であったという（「鮫島報告」）。ここでは、薩摩藩と長州藩が共同して、事件を処理しているのである。「鮫島報告」に「（この連中は）御許山賊党同盟の者たちに間違いない」という言葉が出てくるが、この事件を御許山同様に「偽官軍」「浮浪の徒」の所業として処理する必要があった（実際にそうした）。また薩摩藩にとって事後処理で重要だったのは、児玉を鹿児島に送り帰して、藩内で処分することであった。こうすることで、特に天草富岡陣屋襲撃事件に関連して、薩摩藩が背後にいるという疑念を持たれることを極力避けようとした思われる。

そしてもうひとつ、この事件では薩摩藩の鮫島が、たくみに香春藩を利用して「浮浪の徒」を鎮圧した。その際、「御一新」「皇国」などの言葉を使いながら、苦境にある香春藩を「勤王」に傾かせた。

絵踏だった鍋屋事件

花山院隊事件について調査をはじめて、香春での鍋屋事件にたどり着いた。この事件をはじめて知ったとき、一二人もの人が一度に殺害された事実に衝撃を受けた。あの池田屋事件でさえ、その場で殺されたのは七人である（ほかに一〇人説もある）。さらに、殺害された人びとのほとんどは船乗りや百姓であって、無抵抗のまま理由も分からず殺された。しかも首はさらされ、遺体は一か所に捨てられるように埋葬された。彼らにそのような仕打ちを受ける落ち度があっただろうか。

いっぽう、このような凄惨な事件の「加害者」である香春藩士たちは、なぜここまで残酷になれるのだろうか。治安維持のための義務感、責任感からここまで非情になれるのか。このことについては少し触れたが、香春藩にとってこの事件は、一種の踏絵（絵踏）ではなかったかとも思うのである。

すでに述べてきたように、香春（小倉）藩は幕長戦争の小倉口の戦いで、幕府軍の矢面に立って奮戦した。にもかかわらず敗北し、小倉城を焼き捨てて香春に退却せざるを得なかった。「憤懣やるかたなし」の状況だったであろう。香春（小倉）藩は創設以来、「九州御目付」ともいわれ幕府の守りの要、いわゆる「藩屏」でもあった。従って九州諸藩のなかでは、佐幕派を象徴する藩でもあった。王政復古で成立した維新政権は、その香春（小倉）藩に対して「勤王」を迫る。慶応四年一月一〇日、家老の小笠原内匠が新政府に呼び出され、徳川追討の兵を出すよう命じられた。内匠は命令を承ったとしながらも、藩主に報告するために急ぎ帰国すると回答した（守友隆「小倉藩『葵』から『菊』へ」）。結局その後、香春（小倉）藩は出兵に応じることになるが、そのような最中に事件は起きたのである。

繰り返しになるが、鍋屋騒動が起こる前に、香春（小倉）藩には長州藩からの「浮浪」取り締まり要請が届いていた。そこには「御一新のおり、御許山騒動のような行為は断じて許せない」という文言があった。そこへ薩摩藩目付鮫島が現れ、「皇国のため浮浪の徒を鎮定すべきだ」という。新政権を体現する長州藩と薩摩藩が、「御一新のおり」「皇国のため」に浮浪の徒を鎮定せよ、と迫る。香春藩にとって、薩摩藩目付の鮫島は、香春藩に対する「目付」（監視役）でもあった。数日前に佐幕から勤王に舵を切った香春（小倉）藩は、ここで「勤王」の態度を示さねばならなかった。いや「勤王」の誠意を示す、絶好の機会であったというべきか。見方を変えれば、香春（小倉）藩はこの事件で「勤王の本気度」を試された、絵踏をさせられた、と思えなくもない。

【表3】花山院別働隊のうち香春鍋屋騒動の関係者・犠牲者

	姓名	年齢	出身地・身分	入隊場所・職業・その他
1	児島次郎	三〇	薩摩藩士脱藩	別働隊隊長、本名児玉小介（幸助）。のち切腹
2	土岐鬼十郎	三一	中津新博多町俵屋・商人	長崎・出稼商人
3	福田大一郎	一六	長崎・異学修行	
4	青柳瀬左ヱ門	四〇	肥前平戸・足軽	長崎・浪人（虚無僧）
5	桑原八郎	四六	筑前福岡・足軽	長崎・浪人（虚無僧）
6	佐々木金兵衛	四八	伊豆大島・百姓	長崎・出稼中船乗
7	城勝五郎	二三	豊後佐伯	長崎
8	七五郎	二〇	豊後佐伯・百姓	長崎・日雇稼

9	新右衛門	三〇	伊豆八丈島・百姓	長崎・船乗
10	伝右	二五	伊豆網代村・船乗	長崎
11	仙之助	二八	肥前（ママ）天草敷（ママ）村・百姓	長崎
12	両蔵	二六	豊後佐伯中櫛浦・百姓	長崎・船乗
13	虎吉	二三	摂州相生町船乗	長崎
14	善平	三四	久留米吉井町船大工長崎	
15	嘉兵衛	三〇	肥前平意志（ママ）青村・百姓	長崎
16	亀吉	三〇	肥前島原	長崎出稼中誘われて入隊・船乗
17	政吉	二四	上総川尻村・船乗、平戸へ出稼中	長崎
18	勘兵衛	四〇	豊後佐伯日向留村・船乗	長崎・出稼中入隊
19	佐七	二七	伊予松山堀江村・表具師長崎	
20	建三郎	四三	奥州仙台城下節小路・船乗	長崎
21	末吉	三五	筑後三池金生村・百姓	集団通行を不審に思い同行
22	井上源吉（浅手）	一五	伊予大州（ママ）	蘭学修行のため長崎滞在中・郷士
23	福原儀三（手負）	四〇	肥後山鹿	肥後藩の密偵？三池より内偵のため同行。二ヶ月後死亡
24	植村峯三郎		豊後日出	死亡
25	熊本登		長崎	死亡
26	原田養蔵	一八	肥前（ママ）天草	死亡、原田余蔵とも。
27	服部定兵衛		長崎	死亡

	姓名	年齢	出身地・身分	入隊場所・職業・その他
28	城石金之助		江戸	死亡
29	兼吉		長崎	死亡
30	忠右衛門		伊豆	死亡
31	吉五郎		江戸	死亡
32	卯之助		江戸	死亡
33	品蔵		伊豆	死亡
34	傳四郎		上総川尻村・船乗、平戸へ出稼中	翌日死亡

＊『香春町史』および旧蓮華寺跡鍋屋騒動殉難者供養塔碑文から作成

第七章

花山院隊壊滅

——下関・周防《すおう》大島・室積《むろづみ》

花山院隊が盟主と仰ぐ花山院家理《かさのいんいえさと》。しかしその花山院自身は、ついに九州の土を踏むことはなかった。彼は九州に下向する途中の周防室積《むろづみ》（現山口県光市）で、長州藩によって拘束される。花山院の取り巻きだった花山院隊の主要メンバーも同じく捕縛され、長州藩の牢に入れられる。ここにおいて、花山院隊は壊滅するわけである。はじめは花山院の動向を静観していた長州藩が、花山院本人の拘束に踏み切った理由は何か。長州藩は一月二〇日になって、花山院隊壊滅へ一斉に行動を開始する。花山院隊壊滅への過程は、様々な階層で構成される長州藩諸隊（奇兵隊など）の抱える問題などをもあぶりだす。長州の下関を拠点としていた花山院隊は、はじめ庇護者であった長州藩自身の手によって壊滅させられる。

長州藩諸隊の創設

花山院隊のメンバーの多くが、下関の長府藩報国隊の隊士、または「寄食」であった。花山院隊の中核である二豊の草莽たちは、宇佐とその周辺で活発に運動を展開しながら、挙兵の計画を練った。しかし何度も日田代官窪田治部右衛門によってその計画は打ち砕かれ、多くのメンバーは長州藩とその周辺に逃れた。その後、花山院隊の挙兵計画は、下関の長府藩報国隊で具体化する。ここではまず、長州藩や長府藩での彼らの活動および報国隊との関連を追っていきたい。

まず長州藩の諸隊の創設についてである。周知のように奇兵隊は、高杉晋作によって文久三年（一八六三）、下関で創設された。長州藩士と藩士以外の武士・庶民（農民・商人・漁師・神官・僧侶など）からなる混成部隊で、洋式化された長州藩の軍制に組み込まれた。「奇兵隊」とは、藩士によって編成された正規兵でないという意味の「奇兵」に由来する。長州藩では奇兵隊のほかに、第二奇兵隊、御楯《みたて》隊、遊撃隊、報国隊（長府藩）など、同様の混成部隊があり、これを総称して「諸隊」といった。

慶応元年の奇兵隊の定員は、四〇〇名であった。幹部クラスの合議制による運営が特徴だったが、あくまで長州藩の軍事力の一部である。はじめ高杉ら藩改革派の軍事的基盤となり、改革派によるクーデターにおいて重要な役割を果たした。その後も第二次長州征討、戊辰戦争などでも活躍した。

諸隊は多様な身分の兵士で構成されていたため、軍律による縛りが難しく、たびたび脱隊騒動がおこった。そのたびに藩権力は、厳罰によって脱隊を抑えてきた。明治二年から翌年にかけて、旧奇兵隊ほか諸隊の大規模な「脱隊騒動」（反乱）が起きた。明治政府は脱退兵士たちと農民一揆の同盟を恐れ、徹底的に弾圧した。

奇兵隊以下諸隊には、藩士のほか脱藩浪士や農民、商人、漁師、猟師、神官、僧侶、力士などさまざまな人々が加わった。その中には、各地で幕府や藩によって弾圧された、尊王攘夷派の志士、いわゆる草莽と呼ばれる人々も多く諸隊に身を寄せた。さらに奇兵隊には、被差別部落の人々も含まれている。すでに述べたように、二豊の草莽たちも弾圧されて、奇兵隊や報国隊に身を寄せた。従って、奇兵隊ほか長州藩の諸隊は、一種の「アジール」（一時避難場所）的存在であったといわれる。

長府藩と報国隊の結成

花山院隊のメンバーの多くが、長府藩の報国隊に身を寄せた。身を寄せたとは、例えば藤林六郎や小川潜蔵、桑原範蔵などは隊士であったし、そのほかにも「寄食」といわれる者がかなりいる【表1：本書65頁】。花山院隊の中核は、報国隊を拠点としていたといえる。そして、下関では藤林六郎をトップに「馬関グループ」とでもいうべき集団が形成され、これが御許山騒動の軍事的中核となる。そこで次に、長府藩と報国隊について少し見ておきたい。

長府藩は、主に下関とその周辺を藩領とする長州藩の支藩である。長府藩という呼称のほか、長門府中藩ともいわれる。毛利元就《もとなり》の四男である穂井田元清《ほいだもときよ》が、毛利輝元《てるもと》の養子となって毛利秀元と名乗るが、この秀元を藩祖とする。幕末には厚狭《あさ》郡のうち三六ヶ村、豊浦《とよら》郡のうち一三〇ヶ村を有し、石高はおよそ五万石であった。藩庁は櫛崎《くしざき》城（現下関市関見台公園。串崎城とも）におかれた。なお、長府藩三代綱元のときに、叔父の毛利元知《もととも》に一万石（豊浦郡のうち一七ヶ村）を分知し、清末藩（現下関市の一部）を立藩させている。長府藩には天誅組の変（文久三年）で敗走した、首謀者で公卿の中山忠光が長府藩に一時身を寄せた。しかし、元治元年（一八六四）の禁門の変（蛤御門の変）後の藩内俗論派の台頭の中で、忠光が暗殺されるという事件が起きている。ちなみに長州藩の支藩は、長府藩と清末藩のほかに岩国藩と徳山藩があり、長州藩には合わせて四つの支藩があった。

長府藩では、本藩の長州藩で奇兵隊ほか諸隊が結成された頃から、同様の実戦部隊結成の動きがあった。しかし長府藩の裁可が下され、正式に報国隊が結成されたのは、元治元年（一八六四）二月であった。奇兵隊と同じく、「兵卒は士民を問わず」であったが、司令官には「門閥世臣」、すなわち藩士があてられた。雑多な階層で構成される報国隊は、軍隊としての結束を維持するため、その隊則（軍律）は厳しかった。隊則を犯した者は、追放、断髪、斬首、切腹などの重い刑罰が科せられた。しかしこれは報国隊だけでなく、長州藩の他の諸隊も同様であった。

報国隊の最大の任務は、長府藩の領内にある「赤間関海口《あかまがせき》」を防衛することであった。いうまでもなく赤間関（下関の旧称、赤馬関また略して馬関《ばかん》ともいう）は、海峡に臨み本土と九州をつなぐ天下の要衝である。加えて当時は、諸藩の藩士や草莽の志士らの往来が、最も頻繁な場所のひとつであった。

結成当初は、四小隊、二〇〇人ほどであったらしい。しかしそれ以前に結成されていた民兵団（町兵隊、朝市隊、盤石隊、吾往隊《ごおう》）も加えながら、第二次長州征討の小倉戦争（豊長戦争）時には、およそ四〇〇人になっていた。小倉戦争時の兵力としては、奇兵隊と同等か、それ以上の規模であった。小倉戦争は、慶応二年（一八六六）六月一七日に戦端が開かれたが、この時の長州軍の主力は、長州藩の奇兵隊と報国隊を核とする長府藩軍であった。この日の戦闘で長州軍は、門司《もじ》と田野浦（現北九州市門司区）を攻撃した。この日に投入された報国隊は四個小隊で、軍監福原和勝と熊野直介が指揮した。福原がのちに、御許山騒動を鎮圧した人物であることは、すでに述べた。

さきに報国隊の隊則が厳しかったといったが、それでも隊士の脱隊はあとを絶たなかった。隊士の身分は問わないとはいえ、隊内で武士、農民、商人などの身分的階級差別が解消されることは容易ではない。ことあるごとに階級的矛盾が、差別をともなう言動となって顕在化する。下位層の不満は、脱隊という形で解消しようとするが、これでは軍隊は維持できない。脱隊に対しては、斬首などの極刑で対応せざるを得なくなる。後述する第二奇兵隊の脱隊騒動は典型的なケースであるが、花山院隊事件も「報国隊の脱隊騒動」のひとつであった。

第二奇兵隊の「脱隊騒動」と厳しい処断

諸隊の規律の中でも、最も厳しく処断されたのが、隊士の脱走や脱隊であった。中でも集団での脱隊は、最も厳しい処断が下された。

第二次長州征討にともなう、幕長戦争（幕府軍と長州藩軍の戦い）がはじまるのは、慶応二年（一八六六）六月である。ところが、その直前の四月に第二奇兵隊の脱隊騒動が起きている。第二奇兵隊の一〇〇人前後が脱走し、一部は帰村したが、脱走したほとんどの隊士が船で倉敷へ向かい、その後の参加者も含め百数十人が幕府の代官所を襲撃する。しかし襲撃は失敗し、脱走兵たちは倉敷から敗走し、やむなく帰藩する。彼らを待っていたのは、厳しい処断だった。それは他の諸隊にも、同様の脱隊の動きがみえはじめていたからであった。藩庁は、倉敷事件に加わって帰藩した隊士四六名全員を斬罪に処したのである。斬首された隊士の四分の三が農民隊士であった。

鎮圧にあたった広沢真臣《さねおみ》は、諸隊全体に脱走の動きが広がっていたため、この処刑によってそれが食い止められたとして、「雨降って地堅まるの訳にて」「不幸の幸い」といったという。藩庁にとってこの脱隊事件と処罰は、規律の厳格化にとって好都合であった。この規律とは、いうまでもなく近代における軍隊の規律＝絶対服従であり、脱隊や戦場での敵前逃亡、命令への不服従は極刑に値するものである。そしてこの脱隊と処刑が、幕長戦争の直前だったことに注目したい。

実は、花山院隊事件（御許山騒動）は、この第二奇兵隊の処分とよく似ている。御許山騒動は、慶応四年の正月一四日に四日市陣屋の襲撃ではじまった。その直前に、御許山騒動に加わった花山院隊のメンバーは、一斉に報国隊を脱退した。鳥羽・伏見の戦い後、京都の新政府軍（官軍）は戊辰戦争を戦うことになって東征をはじめる。いうまでもなく、長州藩の本隊はこの時点で京都とその周辺に駐留しているわけであるが、長府藩も慶応四年の一月下旬から続々と兵を送り出す。そのような時期に、たとえわずかな人数であっても、集団での脱退が起こることは許されない。そんな状況のもとで、花山院隊のメンバーは報国隊を脱隊したのである。厳しい処分は免れない。

『長府藩報国隊史』にみる花山院隊事件

花山院隊のメンバーの多くが、長府藩の報国隊に身を寄せたことはすでに述べた。隊士となるものもあれば、寄食として抱えられたものもある。その報国隊の記録は、長州の奇兵隊などに比すれば極めて少ないという。史料もほとんど残されていない。そのような中、報国隊に関する貴重な記録が徳見《とくみ》光三《みつぞう》『長府藩報国隊史』である。本書には、事件を鎮圧した福原和勝の事蹟として、御許山騒動が記述されている。少し長くなるが、「勝者による歴史物語」を次に引用してみたい（改行を減じて引用）。

> さらに（慶応）四年正月には、筑前の浪人藤林六郎を首魁とする盗賊の一団を、豊前御許山に討って、大功を樹てた。藤林等は、はじめ報国隊に隊員として加わり、後数人一団となって脱走し、肥前に赴き、天草に渡って同地の代官所を襲い、長府藩報国隊員といって、米穀、金銀を強奪した。その後更に舞いもどって、関門、北九州の間を往来し、豊前御許山に拠って賊巣を営み、

日田を襲う計画を巡ぐらしていた。

　肥前からの移牒によって驚いた長府藩は、その内偵を赤間関在藩役である和勝に命じ、処断のことに至るまで、彼の決断にまかすことになった。和勝は直ぐ、配下のもの数人に命じて内偵を進め、彼等のうち数人が再び報国隊にあって、次の行動に大きな糸を引いている事実をつきとめた。報国隊四番小隊の司令木村安八郎と謀って、二名の容疑者を逮捕し、訊問してみると、意外にもその一人が首魁の藤林六郎で、他の一人も小川某（小川潜蔵—筆者注）であって、その白状によって豊前御許山に巣喰い、容易ならない計画を企てていることが判った。豪気果断の和勝は彼等を筋ヶ浜に牽いて、処刑を命じ、その後豊前御許山の賊巣に行った。

　豊前企救郡の地は、小倉戦争の結果、当時は長州藩支配のところであって、当然多少の兵もいる筈であったが、表面から山狩をするようなことになっては、賊をとり逃すおそれもあることを慮って、彼は一人の部下も連れず、唯一人で賊に応対した。このとき、山塞に拠る賊は数十に達し、危険極まりないものであったが、和勝はこれを恐れなかった。しかも応対に出た賊魁佐田内記を、一刀で倒し、若月某に迫って自殺させた。これは短時間の行動で、余賊の注意を全く引かず、神速の業といっていいほどの働きであった。

　やがて、小倉屯在の兵と連絡し、その協力で山上の賊巣を討ち、あるいは斬り、あるいは遁ざん（遁竄）させて、この一団は全く平らげることができた。賊衆が逃げ出した後に、その賊塞を臨検してみると、彼等の荷物の中に「花山院某」とほられた印鑑があった。これは、当時、京都の花山院某と名乗る悪公卿の一味で、その一党は各地で賊を働き、同様な事件を巻き起こしていたようで、小倉領内のこの一類もこれに連るものであることが後日になって判った。

幕末怱忙のときにあって、その去就に迷う幕府の代官領を襲い、公卿の名を騙って軍資金と称して金穀を出させ、これを掠奪して私腹を肥していたもので、憎むべき火事場泥棒であった。

この記述が、どのような史料や証言に基づいて書かれたのか不明である。しかも、虚実ない交ぜになっている。例えば、御許山騒動は長州藩が当時領有していた企救郡内で起きているようにいうが、間違いである。御許山は、豊前国の幕府領である。また、花山院隊が天草富岡陣屋を襲撃したときに「報国隊」と名乗った事実もない。佐田内記を斬殺したのは福原自身ではない、など事実誤認が多い。ただ、藤林と小川が福原の命令で筋ヶ浜（現下関）で処刑された事実は、筆者はこの書物で初めて知り得たことである（京都で処刑されたという説もあった）。これは事実である（後述）。しかし花山院隊を「盗賊」とし、花山院を「悪公卿」といい、事件そのものを「火事場泥棒」と断ずるこの記述が、「勝者側の歴史」であって事実とはいい難いことは拙著を通読していただければ、おわかりいただけると思う。これは勝者側の「後付け」で作られた「物語」である。

藤林と小川の「斬奸状」

『山口県史史料編幕末維新6』中に「九州脱走張本者斬奸状等の事」という史料が含まれている。慶応四年一月二〇日に斬首された、藤林六郎と小川潜蔵の処刑理由を述べた「斬奸状」である。それによれば、ふたりの罪状は次のようなものである。「右の者どもは、当隊（報国隊）に寄留しておきながら、詭弁をもって陰で隊中の兵士を蠱惑《こわく》（たぶらかすこと）し、それればかりか府関（長府藩領下関）の愚民を誘い、その連中を使って九州へ脱走した張本人であって、わが隊わが国（報国隊や長府藩）を辱めたのみならず、実に朝憲（朝廷の定めたおきて）を妨げた度重なる罪科を天網は洩らさない（天は見逃さない）。よって誅殺《ちゅうさつ》（罪をとがめて殺す。ここでは斬首）するものである」と。日付は一月二〇日である。さきにも述べたように、ふたりはこの日に筋ヶ浜で斬首されている。

斬奸状によれば、罪状は三つに分けられる。ひとつは脱隊の罪で、他の隊士に対しても脱隊をそそのかしたことである。ふたつ目は、報国隊や長府藩の名を汚したこと。三つ目「朝憲を妨げたこと」で、これは天草や四日市での幕府陣屋襲撃を指すものと思われる。これらの罪状は、御許山に立て籠もった花山院隊を鎮圧し、佐田ら首謀者を梟首したときのものと共通する。

この史料のあとには、藤林と小川以外の脱走者七名の生国と氏名が列挙されている。順にあげると①「豊前児玉菊之助」。これは「児島菊之助」で、森藩脱藩士木付義路と思われる（ただし森藩は豊後）。②「筑前田村小次郎」。これは福岡藩脱藩士の北川重四郎の変名。別に「大島捨之助」とも名乗っていた。このふたりは、周防大島久賀村の花山院のもとへ赴いており、御許山騒動には参加していない。③「同（筑前）尋原荘蔵」。これは福岡藩脱藩士の桑原範蔵だと思われる。御許山で戦死。④「豊後金周平」。これは、別府出身の荒金周平。荒金も御許山で死亡したという。⑤「同（豊後）松尾経之助」。これは、安芸御手洗島出身の村尾敬助ではないかと思われる。村尾は変名を山本與一といい、報国隊を脱して御許山騒動に加わっている。⑥「同（豊後）佐田内記兵衛」は御許山の首謀者のひとり佐田秀《ひずる》。⑦「萩若月隼太」は、これも首謀者、もと長州藩下士の若月隼人であろう。若月は一八名の隊士（自らの門下生）も伴って脱隊している。別名、平野四郎。③以下は、推定通りならすべて御許山騒動に加わっているし、この七人はすべて報国隊関係者である。

　この史料をみれば、やはり「脱隊の罪」が最も重い罪であったことが感じ取られる。長府藩の報国隊からいうならば、脱隊は絶対に許せない行為であった。厳しい処断で臨まなければ、報国隊自体を維持することができないのである。小倉戦争で報国隊を率いた福原和勝が、自ら御許山騒動の鎮圧に赴いたのは、脱隊が重大な事態だったことを物語る。花山院隊事件の顛末をみていけば、これは「脱隊騒動」のひとつに加えられるべき事件であろう。

花山院の覚法寺入り

　花山院自身の動きに目を転じてみたい。藤林と小川の処刑（一月二〇日）以前にもどる。京都で花山院擁立が決まると、花山院の一時滞在所として、周防大島の覚法寺が選ばれた【写真7】。花山院隊の本隊は、馬関（下関）にある。周防灘を隔てた、長門と周防の対岸が、豊前四日市である。花山院自身と花山院隊が、どこかで合流した上で九州に渡ろうとしたのか、それとも連絡を取り合って別々に渡ろうとしたのかは定かではない。しかし周防大島まで花山院が来ていれば、どちらの選択もできる。そこで周防大島の久賀村《くか》（現周防大島町）にある覚法寺が、滞在先として選ばれたのだと思われる。

　覚法寺だった理由は、もうひとつある。覚法寺の住職は、大洲鉄然《おおずてつねん》である。大洲は覚法寺住職の第二子として生まれたが、成長すると遠崎《とおざき》（現山口県柳井市）の勤王僧月性《げっしょう》（西郷隆盛と入水し死亡し

【写真7】周防大島の覚法寺本堂

た勤王僧）に入門し、愛弟子となる。文久年間に上京し、尊王攘夷論者として知られるようになる。八月十八日の政変（文久三年）後は、郷里に帰る。帰郷後は、長州藩の諸隊の結成に尽力し、南奇兵隊（のちの第二奇兵隊）では、軍監兼書記役をつとめた。しかし兄の浩然が死去したため、覚法寺住職をつぐことになった。以後は尊攘派の志士を匿うなど、僧侶として側面から尊攘運動を支えた。

児島長年の口述書（『復古記』）によれば、慶応三年一〇月二一日、児島長年が覚法寺を訪れ、大洲鉄然に面会した。この時、下村次郎太も参会している。そして、「花山院滞在の密談」をして、大洲もそれを納得、了承している。近々花山院を奉じて安芸（広島）まで下向し、その後覚法寺に入ることを確認して別れたという。この密談に従って、花山院は一二月一〇日（児島口述書。なお長州藩の史料では一五日となっている）、安芸を経て覚法寺に到着した。覚法寺では大洲鉄然が花山院を迎えたが、花山院隊の下村と山口訊太郎（卂太郎）も花山院を迎える準備のため、一〇月二一日、すでに大島入りしていた。しかし、花山院を大島に迎えた直後から、早速問題が生じていた。それは馬関の「軍策」がじゅうぶん整っておらず、すぐに挙兵できないというのである。

そこで、馬関の軍事部門の総裁格である藤林六郎を詰問し、出兵を促すために下村と山口が馬関に向かった。馬関に着くと藤林は、「出兵の準備はできているのだが、今すぐに挙兵に踏み切るのはどうかという議論が出ている」という。おそらく馬関では、将軍徳川慶喜が大政奉還し、京都の政局が極めて流動化しているときに挙兵に踏み切るのはどうかという、「慎重論」が出ていたものと思われる。この頃から、馬関グループと大島グループ（花山院周辺メンバー）との間に意見の食い違いが生じていた。結局ここでは結論は出ず、花山院自身の判断に委ねることになった。山口は再び、大島の覚法寺に戻ることになった。一二月一五日夜半、「京都回復」（王政復古）がなり、太宰府にあった三条実美らも京都に帰ることになった、との情報がもたらされた。児島は、これを「大愉快」であったという。そうした中、大島でも「義挙決行」について異論が出はじめていた。花山院のもとに「勅書」（挙兵を認めるという天皇の命令書）がないことに、隊士たちも不安を感じていたようである。

一二月一九日、花山院は児島長年を呼び寄せ、ひとまず上京して「西征の勅書」をもらってくるように命じた。花山院自身も、あくまでも勅書を携えた「義挙」の決行をめざしていた。挙兵を「義挙」たらしめるには、どうしても勅書が必要だった。児島は花山院の命を受けて翌二〇日、大島の久賀を発船して京都に向かった。

花山院激怒、挙兵へ

そんなこととは知らず、慶応三年一二月二五日、馬関から山口らに加え山本土佐（小島菊之助）

と荒金周平（金周平）らも覚法寺にやって来た。そしてそろって花山院に拝謁し、「京師御一新となりましたが、義挙の大義名分はどうなりましょうか」と尋ねた。すると他の事ですでに不機嫌だった花山院は、激怒して（「ひとしお御震怒になり」）山本と荒金、それに居合わせた面々を叱責、罵倒した。花山院は、次のようにいい放ったという（『復古記』「山本土佐口書」）。

この度の企ては、恐れながら先帝（孝明天皇）の「御遺旨」（御意志）を引き継ぎ、中山（忠能か）卿ほか諸卿へも内々に相談したもので、私は皇国のために一命を投げ打つ覚悟である。京地を回復したとはいえ、今後徳川の賊がどのようなよこしまなことをするか判らない。今は一大事の時であるのに、有志の輩（花山院隊の面々をさす）が因循な（思い切りが悪い）事を唱え、このように綿密に計画した義挙をやめようという。かつ長州藩からは、かれこれと疑念を受け、どのような面目をもって、朝廷や正義の公卿らに顔向けができるというのか。この上は、私は速やかに腹を切るだけだ。実に徳川の罪は、天地の受け入れざるものである。九州での義挙は、前にもいった通り、（暗殺された）高橋清臣ほかの復讐でもある。姑息（その場しのぎ、卑怯な様）が過ぎるならば、彼等の霊に対しても、あい済まぬことではないのか。

居合わせた面々は花山院の気迫に圧倒され、一言の返す言葉もなく、ひたすらひれ伏して謝るほかなかった。花山院隊事件を通して、影の薄い花山院自身が、この時ばかりは強烈な個性を発揮した。こうして、花山院の一喝で「義挙」決行は決定された。

さて、京都に向かった児島は、二七日に入京。帰京したばかりの沢宣嘉と三条実美に勅書の件を願い出た。正月六日になって、児島は朝廷に呼び出され三条に会うことができた。しかし三条は、花山院公の願い出を総裁（有《あり》栖《す》川宮《がわのみや》熾仁《たるひと》親王）に伺ったが、「今は、勅書を下すような場合ではない。花山院はひとまず帰京し、そうすれば沙汰（新たな命令）も出るであろう。九州の同志たちはいったん集めさせ、上京させて王事に勤労すべきである」との「勅書」を下されたという（『復古記』）。そして児島は、翌七日に京都を発っている。ただこの「勅書」は、天皇が下したものではなく、三条の「内命」に過ぎなかった。しかも、「義挙」はいったん思い止まるようにという、三条から花山院へのメッセージであった。児島が周防大島の久賀村に帰ってきたのは、一八日であった。しかしそのとき、花山院一行はすでに室積に発った後であった。

花山院の覚法寺滞留と長州藩

長州藩は、花山院が覚法寺に到着した直後から、これを注視していた。大島の代官、重見多仲は、山口政事堂（国政方）に次のように報告し伺いをたてている（一二月一九日付、『山口県史史料編幕末維新6』）。

花山院家理様が、安芸からご乗船になって、十五日夜半に久賀浦にはいり、すぐに揚陸し覚法寺に入られました。これは兼ねてから、覚法寺鉄然が知っていたことであり、鉄然からしばらく花山院が潜伏するから、との申し出もありました。私としては断ることも出来ず、余儀なく引き受けさせることにしました。しかし御付の者のうち報国隊の下村五郎太《(ママ)》と花山院家来の山口訊太郎の両人は、九州探索のため馬関に行きました。その後、何の報知もなくそのまま馬関に滞留しているようです。実は花山院様もそのままにしておく訳にいかず、とりあえず私が拝謁致しました。なお児島備後にも面会し、緩々といろいろ尋ねてみました。すると（児島がいうには）、「この度王政復古のご沙汰もあり、一応（花山院様も）帰京なさりたい気持ちもあるが、下村・山口両人が帰って来ないので、どうするか決定できないでいる」という状況のようです。（中略）何分どのように対応したら良いでしょうか。ご指示を下さい。（後略）

ここで注目すべきは、大洲鉄然が花山院の覚法寺「潜伏」を地元の代官に申し出ていることである。大洲は、長州藩が花山院を保護することはないにしても、逮捕・拘束などするとは思っていなかっただろう。また代官の重見も、花山院の扱いに困って山口に伺いを立ててはいるが、花山院とその一行の大島滞在を「黙認」していることである。ただ、「義挙」のことは伏せられていたであろうから、重見にすれば、何のために花山院がこんな片田舎の周防大島覚法寺に滞在しているのかはじゅうぶん理解できず（不審に思い）、その動きを注視していたであろう。重見の伺いに対し、「御国政方」は、次のように回答している（一二月二二日付）。

書面の通り承知しました。しかしこのような事案は、一応山口表（政事堂か）へ伺ったうえで、（花山院様）を引き受けるか否かの指図を受けるべきであるから、書面のように安易に引き受けるというのは如何かと思う。また（花山院様）がご帰京なさるお考えがあるようなので、早々にお帰りになるよう取り計らわれるがよかろう。ところで、報国隊の下村五郎太《ママ》は、下関から帰り次第そちらに一旦留置して、早々にここ元（山口の御国政方）に出頭させるようにした方がよい。（後略）

長州藩としても、花山院の存在は迷惑で、できれば京都へ帰ってもらいなさい、という。ただこの回答のあとに、「下村五郎太（次郎太のこと—筆者）は、（下関から）帰り次第召し捕るようにと、広沢から追加で申し出があった」という一文が加えられている。広沢とは、第二奇兵隊の脱隊騒動とその厳しい処断を「雨降って地堅まる」とした、あの広沢真臣以外にはいない（広沢は慶応三年一〇月一四日の「討幕の密勅」に連署しているが、その直後、「密勅」を携えて京都から山口に帰っている）。報国隊の下村次郎太は、この時点で広沢に目をつけられて、逮捕命令が出ていたことになる。花山院を取り巻く報国隊士と花山院との関係、すなわちなぜ花山院が覚法寺入りしているのかについても、長州藩は詳しい調査に入ったものと思われる。

ついでに述べておくと、下村はその後逮捕される事はなかった。だからおそらく、大島へは帰還していない。その後彼は、四日市陣屋の襲撃（御許山騒動）に加わっているから、そのまま馬関に留まったか、大島に向かう途中で山口と別れたものと思われる。

長州藩、花山院逮捕へ

長州藩が花山院の動きを不審に思い、逮捕にむけて実際に動き出すのは、慶応四年になってからのようである。藩庁は、前年一二月の天草富岡陣屋襲撃と久賀村の花山院たちの動きが、連携したものであることに気付きはじめた。また藩庁には、久賀村における花山院一行の行状（犯罪行為）について、良くない情報が入っていた（後述）。さらに正月三日の鳥羽・伏見の戦いにおける新政府軍の勝利が、政治的には藩内諸勢力（特に諸隊）の「暴発」を極力抑える方向へ動いたものと思われる。そこに一月一四日の豊前四日市陣屋の襲撃事件（御許山騒動）がおこり、その情報が山口の藩庁にももたらされた。長州藩は、長州藩内の花山院隊をこれ以上放置できない、との判断に至ったものと思われる。

花山院拘束の密命を受けたのは、御密用方聞次役《おんみつようかたききつぎやく》の槇村《まきむら》半九郎（正直）であった。御密用方とはもともと、長州藩の公式文書の管理・保存をおこなう部署であった。だがその性格上、次第にこの部署に藩の内部情報が集中するようになった。そして、どこぞの国の「中央情報局」のような機能を持ちはじめた。そして幕末には、内部情報を駆使して、どこぞの国の「公安警察」の役目を帯びるようになった。槇村はその御密用方聞次役として辣腕《らつわん》を振るい、長州藩内の「不平分子」や「反逆者」を押さえ込んでいった。その槇村を最も信頼したのが、当時、長州藩の中枢にいた広沢真臣である。あの第二奇兵隊の脱隊騒動に対し、過酷なまでの処断で臨んだのが槇村であり、それを支持したのが広沢である。なお槇村は、明治八年に京都府知事（八年に権知事、一〇年に府知事。第二代府知事）となり、明治一四年には元老院議官（元老院を組織した議員）となっている。

慶応四年正月一一日、槇村は大島宰判《さいばん》（長州藩の行政単位。藩内に一八の宰判があり代官（大庄屋にあたる）が治めた）へ出張を命じられ、即日山口を出た。下関で藤林と小川が逮捕され、報国隊の浪士が下関を発船するのが一三日であるから、その二日前である。翌一二日、周防大島の西にある室津半島の室津港（現熊毛郡上関町）に着いた。同日、花山院も九州へ渡るために大島を発船して、いったん室津に着いたところであった。花山院は、挙兵を急ぐ豊前の志士たちに促され、児島がもたらすはずの「勅書」を待ちきれずに大島を発った。しかし一気に九州へ向かわず、大島からすぐ目の前の室津に入った。それは、そのまま九州へ渡るのをためらったためだろう。花山院は「勅書」にこだわっていたのである。

この日（一二日）の夜、花山院は槇村の求めに応じ、滞在中の室津の吉田兼蔵（庄屋）宅で槇村と面会した。槇村は、一行はどこへ何のために行かれるのかと、花山院に問うた。花山院は、勤王のため九州に下向する旨、回答したという。この時の面会は、短時間で終わったようだ。槇村は、「探り」を入れてみたのだった。槇村は、花山院から浪士を引き離して捕らえたいと考えていた。捕らえるときの浪士たちの罪状は、現地（久賀村や室津）での「乱行」であった。公卿を戴いた「勤王の志士」をむやみに捕らえることは、長州藩としては難しい。槇村は、「乱行の事実」を集めた。のちに「偽官軍」として抹殺された赤報隊、同じく「偽勅使」として壊滅させられた高松隊にも「乱行」の「悪い噂」がつきまとい、鎮圧の口実とされた。よく似ている。

一四日、花山院一行は、室津から室積に移った。室積は、室津よりすこし北寄りにある港町で、北前船も寄港し賑わった。室積では普賢寺を宿所としたが【写真8】、花山院は滞在中、何度か長州

【写真8】室積の普賢寺山門（光市）

藩の役人と面会している。一六日には、情報収集のため久賀村へ渡っていた槇村も、室積に来た。ここでも槇村は、浪士たちの「乱暴」の情報を得た。

一七日、花山院の使いが槇村を訪ね、普賢寺で会いたいと伝えた。槇村は、近くにある「専行寺に応接所を設けるので花山院様のお出でを願いたい」と回答。これは、花山院と浪士一行を少しでも引き離すためであったものか。花山院と浪士八名は、呼び出しに応じ専行寺で面会した。槇村は、藩庁が花山院一行に「不審の廉《かど》」があるので、浪士たちを連行するように命じられたといった。花山院は怒声を発して、引き渡しを断固拒否した。その後、激しいやりとりのあと、花山院は藩庁の「不審」の内容を詳しく知りたいといい、槇村も藩庁の判断を仰ぎたいと考え、双方分かれることになった。

藩庁（山口政事堂）の判断

槇村は一九日に山口に帰着。藩庁（山口政事堂）に出向いて、これまでの花山院とのやりとりと浪士たちの「乱行」を報告。浪士たちが花山院の傍らを離れないので、捕縛の際は花山院も一緒に捕縛したいと申し出た。しかし藩庁の判断は、「花山院はできるだけ捕縛しないようにせよ」というものだった。ここでは花山院隊の一行が、勅許を得た「官軍」であるか否かの確認は一切されていない。というより、この点について藩庁は、無視を決め込んだようである。花山院一行を捕縛するのは、あくまでも浪士の「乱行」と諸隊からの脱走が理由であり、勅許を得て義挙を敢行する「官軍」かどうかは問題にしないという方針である。

この藩庁の方針決定は、花山院隊事件にとって極めて重要だと考える。花山院隊への長州藩および長府藩の弾圧方針が明瞭となり、実行に移されるのがこの一月一九日から二〇日ころである。はじめはよくわからなかった、一四日におきた御許山騒動に関する情報が、次第にはっきりしてきたものと思われる。長州藩にとっては、一刻も早く花山院隊を抑えねばならないと判断した。馬関（下関）では、一三日に捕縛した藤林六郎と小川潜蔵が二〇日に処刑された。小倉から発した、福原和勝と野村右仲率いる御許山の鎮圧部隊は、二〇日に豊前宇島に上陸している。そして花山院と取り巻きの隊士たちが室積で捕縛されるのも二〇日である。長州藩は、一月二〇日に一斉に弾圧を実行に移している。

花山院隊事件とほぼ平行して起こった事件に、赤報隊事件がある。相楽総三率いる赤報隊は、年貢半減を掲げて中山道を東進した。新政府の年貢半減令は、一月一二日から一四日の間に出されている。ところが一月二七日になると維新政府は、諸藩に対し非公式ながら年貢半減を否定している（終章）。そして赤報隊に対しては、一月二五日に京都へ帰るよう帰洛命令を出している。帰洛命令が出た頃、赤報隊は信州付近をさらに東に進んでいた。この時点になると、赤報隊やほかの草莽隊も、維新政権にとって利用価値を喪失しつつあったのである。いや、維新政権は草莽隊による無原則な「暴発」を恐れ、弾圧に転じたといった方がよいだろう。京都の維新政権と山口政事堂は、草莽隊弾圧にほぼ同じ時期に転じたわけだが、これは偶然ではないだろう。

さて、槇村は二〇日に室積にもどり、専行寺で花山院と面談した。花山院がまず山口の藩庁の状況を尋ねる。槇村は、浪士を連行しなかったことを叱責されたとして、改めて引き渡しを要求。花山院が知りたがっていた長州藩の「不審」については答えなかった。さらに槇村は、昨年来の九州での所業（第一次天草富岡陣屋襲撃）は許しがたいと述べ、重ねて浪士の引き渡しを要求した。花山院は激怒し引き渡しを拒否しうえ、普賢寺へ引き上げた。

普賢寺での逮捕劇

花山院家理と槇村の直接会見が決裂し、花山院一行が普賢寺に退去してしばらくすると、普賢寺の方から小銃の音が聞こえてきた。槇村は、急いで普賢寺に駆けつけた。すると手に手に武器を持った群衆が、普賢寺の門前に押し寄せていた。群衆は花山院隊を襲撃するために集まったのだが、槇村が群衆を焚きつけた「作戦」だったかもしれない。間もなく、普賢寺の浪士と群衆との間に乱闘がはじまった。槇村は群衆を押さえるいっぽう、配下に普賢寺内の浪士を捕らえるよう命じた。槇村自身は花山院保護のため、御座所に急行した。すると境内の庭木の陰に花山院らしい人影をみつけた。近づくと、それはやはり花山院だった。槇村はおびえる花山院の手を取って、寺の門外に連れ出した。ほかの浪士は、槇村の配下や怒った群衆が入り乱れて捕縛していった。群衆のなかには、浪士に暴行をはたらいている者もある。槇村は群衆の暴行をやめさせたうえで、花山院を専行寺へと移した。

いっぽう上洛していた児島備後は、花山院逮捕の翌日（二一日）にやはり室積で捕縛されている（児島の口述書では、二〇日に逮捕されたというが、状況から二一日と思われる）。この時、三条実美の「内命」を携えてはいたが、京都で挙兵（討幕）の「勅書」を得ることはできなかった。逮捕時に児島は、花山院隊が「勅書」（実際は三条の「内命」）を帯びた義軍（官軍）だと訴えたが無視された。長州藩は花山院隊に対して、あくまで犯罪者集団（「乱行」と脱隊の罪を犯した者たち）として対処したのである。いずれにしろ、児島の帰還はわずかに遅かった。花山院以外の逮捕者はみな、三田尻宰判佐野村にある長州藩の牢に入れられた。

逮捕者の処分

この逮捕劇で捕らえられたのは、花山院を含めると一一人である。大島捨之介（本名北川重四郎）・島田唯作（本名島田虎雄）・宇佐野次郎（本名矢田宏）・山本土佐（本名木付義路）・蜂須新之輔（本名中村愛之助）の五人は、いずれも長府藩報国隊に籍を置いていた。さらに山本以外の四人は、第一次天草陣屋襲撃事件の実行犯である。山口兵部（本名加藤龍吉）も長州藩集義隊士であったから、この六人は諸隊からの脱隊兵士である。すでに述べたように、諸隊からの脱隊は軍律違反で重罪である。なお、このうち蜂須を除く五人はいずれも北九州尊王攘夷派の志士でもある。児島備後は赤穂の浪士で、沢家のもと雑掌。熊蔵（熊五郎）は京都の町人で、児島の部下。尾崎山城と佐々木舎人は、赤穂の浪士で花山院付きの少年。赤穂出身であるから、児島の縁者であろう。この三人は、児島と縁のある者たちである。なお、尾崎山城と佐々木舎人は、すぐに放免された模様である。

花山院は、その後しばらく警護つきで長州藩内で抑留され、三月には京都へ送られた。児島は長州藩の処置（花山院隊の弾圧）に抗議し、あくまで自分たちの正当性を主張し絶食して死んだといわれる。ただ『復古記』には、「圄内（牢内）において病死」とだけある。明治二年七月になって（死後、仮埋葬されていた）、長州藩（長門藩）から京都の沢家に遺体の処理についての照会があった。沢家の回答は、「山口表御勝手にお取りはからいくださる様に」だったため、死骸取り捨ての処分となった。蜂須も牢内で病死し、薩摩藩に照会したが、何も返答はなかった。大島は筑前藩に照会したところ、引き渡しの依頼があったため、明治二年九月一二日に小郡（現小郡町）で引き渡しがおこなわれた。矢田は、松平主殿頭（島原藩）に照会（矢田は別府の者で、別府は島原藩預かり地であったためか）。明治二年九月に引き渡された。島田唯作は、中津藩に照会したが、返答なし。明治元年一一月に牢内で死亡し、翌年九月、死骸取り捨てとなった。山口は、臼杵藩（杵築藩の誤りか）に照会。明治二年一〇月一四日、三田尻（現防府市）で引き渡し。山本は森藩に照会。明治二年九月朔日引き渡し。結局、児島・蜂須・島田の三人が獄中で死んでいる。なお『復古記』には、熊蔵・尾崎山城・佐々木舎人三人についての処分の記載はない。

なお、先述した覚法寺の大洲鉄然も、花山院隊事件に連坐して、蟄居《ちっきょ》（自宅謹慎）を申し渡されている。

「乱行」と「脱隊」の罪

この一連の逮捕劇と処分をみると、花山院隊の罪状は「乱行」と「脱隊」ということになろう。もちろんこれは、花山院隊弾圧の「口実」ともいえるのであるが、花山院隊が抹殺される理由でもあるので、少し立ち入って考えてみたい。

実は長州藩の諸隊は、この「乱行」と「脱隊」について、厳しく対処している。それは、軍隊の統制のため不可欠であった。例えば奇兵隊内において処刑された者は、脱走三名、窃盗などの犯罪行為一〇名、上官への反抗一名という。犯罪行為による処刑がいちばん多いのだが、奇兵隊はじめ諸隊では、窃盗、強盗、隊の名を用いて金品を要求することは、処刑に相当する罪とみなされた。実は結成当初の諸隊では、隊の内外で窃盗などがかなり横行していたようである。

それでは花山院隊の「乱行」とはどのようなものであったのか。長州藩の記録では、室積の港で彼らが「地元民を打擲《ちょうちゃく》（殴ること）または茶屋などへ乱暴し、抜刀にて人家に立ち入った」という（布引敏雄『槇村正直その長州藩時代』）。『復古記』に残されている彼らの供述書には、「室積滞留中、私たちは権威がましい振る舞いを行い、藩の名を汚しました」という文言がある。この「権威がましい振る舞い」というのが、地元民に対する強圧的な態度や暴力を指しているものと思われる。また室積で捕縛された花山院隊メンバーの内、大島・島田・宇佐野・蜂須の四人は、第一次天草富岡陣屋襲撃事件に加わっていたのだが、これも「乱行」に加えられた。

いっぽう、幕長戦争がはじまる直前の慶応二年（一八六六）四月（開戦は六月）、第二奇兵隊で大規模な「脱隊騒動」が起きたことはすでに述べた。第二奇兵隊の隊士一〇〇人ほどが脱走し、倉敷代官所を襲撃する事件が起きる。そして長州藩内では、脱走の動きがほかの諸隊にも広がった。木戸孝允たち長州藩首脳が、いちばん恐れていた諸隊の「暴発」である（木戸は常々、諸隊が制御不能になる事態を恐れていた）。結局、「暴発」は鎮圧されるが、藩庁はこの襲撃に参加し帰藩した隊士四六名全員を斬罪に処した。幕府との戦争に備えてきた藩庁としては、戦争を目前にしての脱隊に厳しく対処せざるを得なかった。これに比すれば、花山院隊の「脱隊」の規模は小さい。しかし、長州藩は鳥羽・伏見の戦い後の旧幕府軍との戦いを目前にしている。そのような時に小規模であれ、花山院隊士たちの諸隊からの脱隊は許されなかった。これも『復古記』では、「当国（長州藩）で勤王のため組織された兵隊の軍律を妨げました」という供述になる。脱隊は、軍律違反という重罪であった。この論理は、御許山鎮圧の時も同じだった。

なお、正月二四日付の槇村から藩庁重役の吉田右一郎宛の報告書では、大島・島田・宇佐野・山本・蜂須・山口と児島の罪状を区別している。前記六人は「重罪」であるが、児島は「九州暴動並に国内の乱暴も承知していない様なので」「揚屋入《あがりや》りくらいの者ではないか」と進言している。「揚屋」とは、牢に併設された特別な部屋（牢）で、庶民や重罪の者をいれる牢と区別されていた。つまり、罪の軽い者を入れる牢である。児島は報国隊にも属していない。槇村は、児島の処分は六人よりも軽くてよいのではないか、というのである。しかし実際にはそうはならなかった。その後の取り調べで、児島は頑なに自らの正当性を述べたし、花山院擁立の中心人物が児島だと判明したからであろう。なおこの報告書では、花山院の「帰洛」を早く手配してほしいとの要望も伝えている。

児島の供述によれば、花山院の命で「勅書」を得るために大島の久賀村を出たのが慶応三年一二月二〇日。二七日に入京してすぐ、「沢殿と三条殿」に勅書の件を願い出た。明けて慶応四年正月六日に朝廷に呼び出され、三条に会うことができた。そして「花山院公之願い出」(勅書の件)を三条に伺った。三条は「今は勅書を下すような場合ではない。花山院はひとまず帰京し、そうすれば沙汰も出るであろう。九州の同志たちは集めさせ、上京させて王事に勤労すべきである」との「勅書」を下された、という。

そのとき三条から得た「勅書」とは、どのようなものであったのか。『児島長年伝』(山口県文書館蔵)にあるのは、次のような「内命」である。

内命

児島備後介

徳川軍兵伏見表出張、兵力を以て朝廷を侵し、判逆《ママ》の所為疑ふ可からず、追討の師差し向けられ候間、九州筋同志の輩糾合致し、速に馳せ登り、王事に勤労これ有るべく候事

さきほどの児島の供述書にある「勅書」の記述と「内命」の内容はほぼ一致している。しかしこれは、形式からしても天皇が下す綸旨《りんじ》などの形式を踏んでおらず、「勅書」とはいい難い。内容も九州を鎮撫せよなどと、花山院隊を「官軍」とする記述も全くない。むしろ、九州の同志を集め京都に登れと命じている。いい換えれば、九州での鎮撫などの武力行使を認めていない。要するにこ

れは、三条個人が花山院または花山院隊に対して与えた、あくまでも「内命」でしかない。供述書の三条の発言にもあるように、鳥羽・伏見の戦いが数日前にあったばかりで、それどころではない。「今は勅書を下すような場合ではない」状況だったと思われる。

児島備後が、長州藩内のどこの獄で死亡したかは判らない。はじめは三田尻宰判佐野村の牢に入れられていたようだが、その後は山口へ送られたという。またいつ死亡したかについては、『防長人名辞典』では、明治元年一〇月八日（慶応四年は九月八日に明治と改元）とあるが、別な史料（「殉難者名録」）では慶応四年の二月だという。さらに赤穂市にある、児島長年碑の碑文には、一〇月一三日に獄死したとある。捕らえられた後児島は、勅旨を奉戴しているといったが、長州藩吏がこれを信じなかった。この長州藩の対応に児島は憤慨し、抗議のため絶食して死んだとされる。獄死の日時は諸説あるが、事件の翌年（明治二年）に「死骸取り捨て」になったことは、すでに述べた。

いっぽう長州藩側は、児島が持っている「勅旨（勅書）」らしきものについては、端から無視する方針であったと思われる。花山院隊は「官軍」ではなく、犯罪者の集団として裁く方針が決まっていた。藩吏は「勅旨」を信じなかったが、それは「藩の決定」であった。結局、花山院隊は「勅旨」ではなく、三条の「内命」しか得ることができなかった。これは結果的には、花山院隊が弾圧される大きな要因となった。

児島は文久三年（一八六三）、長州藩による外国船砲撃（攘夷決行）のときには、自らも参戦するために下関に駆けつけた。のちに奇兵隊に入隊。翌年の四国艦隊下関砲撃事件では、長州藩が四国と講和をしたことに失望して長州を去った。しかしこの時、九州の尊王攘夷派の多くが報国隊に身を寄せていた。そのひとり豊前安心院出身の下村次郎太ともこのとき出会い、花山院擁立を託されたという。また報国隊の福原和勝とも知り合った。児島は「攘夷一筋」の直情型の尊攘派の志士＝草莽だった。児島にとって、尊王攘夷を唯一体現する長州藩への信頼は絶大だったと思われる。だからこそ、花山院を長州藩内の周防大島に移した。児島にしてみれば、その長州藩に裏切られたわけである。そのため絶食して憤死を遂げた。

推測ではあるが、花山院は拘束されたとき、またその後もこの三条の「内命」は知らされていてなかったのではないか。当然のことながら、長州藩も花山院と捕らわれた隊士との接触をさせなかったであろうから、花山院は児島と会うこともなかったに違いない。だから「内命」を根拠として、花山院が長州藩に抗議した形跡はない。

花山院から槙村への書状

慶応四年正月二一日、つまり花山院隊拘束の翌日の日付で、花山院家理から槙村に送った短い書簡がある。

昨日はいろいろと心配をかけ、気の毒の至りである。さてそのとき、小刀と又七を預けたが、これは何卒《なにとぞ》返してほしい。頼み入る。大乱筆を許してほしい。早々如此

正月廿一日花山院家理（「家理」は花押）

槙村半九郎士へ

「大乱筆」と断っているが、確かに個性的な字で読みにくい。しかもこの短い手紙の後になるほど字が躍っている（乱れている）ようにみえる（布引前掲書に書状の写真あり）。内容もまたユニークである。冒頭は室積での騒動を詫びているのだが、書簡の用件はただひとつ、小刀と又七を返却してほしいというものである。小刀（短刀）は、花山院拘束時に槇村が預かった（没収した）ものと思われる。「又七《またしち》」とは、江戸初期の肥後の金工の匠の名前で、いわゆる肥後象嵌《ぞうがん》の鍔《つば》だと思われる。つまり小刀と鍔を返してほしいというのである。花山院は、どのような心境だったのだろうか。あの逮捕劇の翌日に預けた小刀を返してほしいとは、花山院にとってよほど大事なものであったに違いない。が、何か違和感がある。側近たちは、ことごとく捕縛されている。

『防長回天史』によれば、「花山院党の浪士たちの暴行は許すことはできないが、家理卿は身分の高い公家でもあり、特にこれを寛大に待遇して、朝命をもって京都に送還することになり、三月十三日、鞠府丸に便乗させた」とある。長州藩としては、「勤王の公卿」に対して、最大限の礼を尽くしたということであろうか。が、花山院隊事件の結末としては、ここにも何か違和感がある。

消えた掠奪金（軍資金）

室積で捕縛された花山院隊メンバーの内、大島・島田・宇佐野・蜂須の四人は、天草での第一次富岡陣屋襲撃事件に加わっていたことは、すでに述べた。『復古記』にある彼らの「口書」（供述調書）には、第一次富岡陣屋襲撃についてかなり詳しく述べている。ということは、調書を作成した長州藩の役人が、この件について詳しく取り調べたことになる。それは、彼らの「乱行」＝犯罪を自供させ、罰するために必要だったからだろう。しかし、この天草襲撃の件に関して、気になることがある。それは、彼らが陣屋襲撃で掠奪したお金の行方である。彼らにとってそれは、「義挙」のための軍資金であった。その掠奪金について矢田宏（宇佐野次郎）は、次のように供述している（要約）。

「一二月五日《ママ》、鶏鳴頃、天草へ渡り出張所に行き襲撃。現金八三〇〇両ほど奪い取り、周辺に少々放火し、長崎に引き返した。兵器購入の費用として四〇〇〇両を結城に渡し、残り四〇〇〇両余りは秋月五郎を会計係として、大島そのほかいずれも同船にて馬関へ向かう」と。

　掠奪した陣屋の公金の総額は、およそ八三〇〇両。このうち約半分の四〇〇〇両を結城小太郎に渡した。結城は長崎にあって、他藩の志士と交わり、花山院隊の武器調達の役割を担っていた。その結城に掠奪金を半分渡した。残りの半分は、船（薩摩藩の船と思われる）で馬関（下関）に運び、秋月五郎を会計係として運用したという。秋月五郎は本名を中村蔵之助といい、もともと天草の庄屋である。彼は第一次富岡陣屋襲撃事件を手引きし、以後花山院隊と行動を共にする。以後、掠奪金は彼の差配で配分された模様である。掠奪金について、矢田はさらに次のようにいう。

「一二月二二日、馬関へ帰り藤林・小川に面会し、右の始末（陣屋襲撃の顛末）を内密に話しました。秋月から藤林へ、金子（掠奪金）を引き渡しました。もっともこのお金のうち、いくらか配分もあり、私は五〇両ほど受け取り、諸々の支度を調えました」と。掠奪金は、馬関における花山院隊の総裁格である藤林に渡された。そして矢田は、このうち五〇両を秋月から受け取り、いろいろな準備に使ったという。詳しい使途はわからないが、花山院隊の義挙の準備金として使った、ということだろう。そのほか大島は「私への配分金は四〇～五〇両位だったと思いますが、いろいろな支度に支払いましたので、今となってははっきりと覚えていません」。島田は「私の配分金は定額ではなく、必要な分を秋月五郎から受け取っておりました」。蜂須は「一二月二二日、馬関へ付き添って参り、大島から配分金二五両を受け取りました」と、それぞれ供述している。総合すれば、掠奪金は藤林の管理下にあり、秋月の差配によって分配され、軍資金として使用されていたということになろう。

ここまで掠奪金についてみてきたが、問題はこの膨大な掠奪金が花山院隊事件の後、どこに消えたのかということである。軍資金は藤林の管理下にあったのだから、藤林が慶応四年の一月二〇日に下関の筋ヶ浜で斬首されたあとは、だれの手に渡ったのだろうか。四〇〇〇両を武器調達のために受け取った結城小太郎も、香春での鍋屋騒動前に筑前松崎で離脱し、その後の行方は分からない。この四〇〇〇両もどのように使われ、残りがどうなったのか不明である。ちなみに、鍋屋騒動で児玉小介が捕縛されたとき、児玉は一四六両あまりの現金を所持していた（『香春町史』）。かなりの金額である。花山院隊事件は、まだまだ未解明の問題が残されている。

花山院家理のその後

その後の花山院をみて、この章を終えたい。慶応四年三月一三日に長州を離れた花山院は、三月一七日には「御帰着」、すなわち京都に帰り着いたようだ。帰着までの途上は、「長府兵」が御守衛のため、厳重に付き添った。帰着後は、山城国愛宕《あたご》郡下鴨村に別居して暮らすことが許された。ところがそのうち、「浮浪士の輩」数名が花山院の別居に出入りしはじめた。そして慶応四年の七月頃には、無理矢理「本邸」にまで入り込むようになり、花山院家本邸の「家什」（什器などの家財）を持ち出し売却しはじめた。おそらく花山院家理の指示によるものであろう。加えて淀藩などに対し、「銃器」（武器）の借用を求めていることも分かった。家財の売却は、軍資金調達が目的だと思われる。つまり花山院は、何らかの次なる軍事行動を企てていたのである。

もちろんこれを新政府が見過ごすはずがない。八月一九日になって、ついに花山院家理は、軍務官に呼び出され、直ちに捕縛された。そしてその後、篠山藩《ささやま》（現兵庫県丹波篠山市）に預けられ、幽閉されることになったのである。幽閉の理由は、「元花山院家理狂暴の挙動これあり」とある（『太政類典草稿第一編』「家理猖獗」）。このあたりの事情について、『改訂肥後藩国事史料』は次のように記している。

この方は（花山院様は）全体的に御身持ちが宜しくなく、その上また浪士を集められていて、どこかの戦地に（私兵を）派兵したいという願いを出されている。そしてご自身で菊のご紋の旗などを拵えられているが、これもまた申し訳は立たないことである。このようなことも段々吟味が済んで、御親類などへお預けという内議（内々の話）も進んでいるようである。

花山院家理は、花山院隊と同様の「勤王の挙兵」をまだ目指していたのかも知れない。花山院家理の戦いは、まだ終わらなかったのである。花山院は、尊王攘夷を純粋に目指す草莽たち（花山院隊士たち）と「義挙」を試みた。しかしその試みは、あのような形で潰された。確かに「勅許」を得ることなく、挙兵した。そういう意味では、花山院隊は「偽官軍」かもしれない。しかし彼らが目指したのは、命を賭けた勤王討幕のための戦いであった。それが、同じ方へ向かっているはずの長州藩によって裏切られ、壊滅させられたのである。あの児島長年は、それを受け入れられず、捕縛後絶食して憤死した。幽閉された花山院家理の胸中は、いかばかりであったろうか。

第八章

花山院隊事件の残党たち

——熊本藩豊後鶴崎

【写真9】肥後藩領鶴崎の有終館跡
（背景は大野川と鶴崎橋）

花山院隊事件から三年が経過した、明治三年の肥後熊本藩領鶴崎（現大分市）。ここに花山院隊事件の生き残りが、何人か潜入していた。そして明治政府の岩倉具視が放った密偵を暗殺する事件がおこった。

当時の肥後藩領鶴崎は、一種の反政府勢力の拠点と化していた。反政府勢力の中心にいたのは、「人斬り彦斎《げんさい》」との異名を持つ河上彦斎（高田源兵衛）であった。彼は鶴崎に設けられた、肥後藩の有終《ゆうしゅう》館《かん》を反政府運動の拠点にしようとしていた【写真9】。花山院隊の生き残りたちは、この有終館に潜入し、花山院隊を抹殺して成立した新政府にさらなる抵抗を試みようとしていた。

密偵暗殺事件

密偵の名は、沢田衛守《えもり》という。事件が起きたのは、明治三年三月一三日。その七か月後に作成された事件の報告書「沢田衛守庚午年三月十三日於豊前宇佐郡熊村被害同十月其地探索ノ次第如左」（以下引用史料は国立公文書館所蔵『大木喬任《たかとう》文書』「山本与一・矢田宏・沢春三一件書類」）には、次のようにある（佐藤節「明治三年・密偵暗殺事件について」）。

（前略）肥後藩支配地鶴崎（現大分市）の住人毛利到（空桑《くうそう》）、ほかに沢春蔵（春三）らは、水兵を募って密かに海軍をつくっていた。矢田と山本はともにこれに加わっていた者である。明治三年二月、沢田衛守が鶴崎にやってきて数人と面会した。しばらくして衛守は、別府で二人（矢田と山本）と会った。二月二十八日か二十九日頃、三人は激しく議論した。翌日の早朝、衛守は森藩に行くために出立した。これを聞いた矢田は、飛脚を雇って衛守に引き返すように促したが、衛守は帰ってはこなかった。そこで矢田は山本を遣わして、強いて衛守を同伴させて、三月四日、別府村の糸屋仁左衛門方に連れ帰らせた。そこでまた議論になったが、そのうちお互いにうち解けて酒宴となった。

翌五日早朝、山本と衛守は糸屋を発足した。矢田はこのとき残ったが、六日頃、衛守を追って発足した。（中略）三月十二日、宇佐の四日市にある奈良屋林兵衛方に二人の武士が宿泊した。衛守と山本である。その日の夜半、また一人やってきてさきの二人と共に宿泊し、翌日三人は発足した。奈良屋がいうには、三人のうち山本はかねてから知っている人である。その他一人は以前一泊したことがあって、四国言葉の人（沢田衛守か）である。もう一人は知らない人であるが、別府語をしゃべり（矢田か）銀札をたくさん所持していた。人相を尋ねると矢田に寸分違いなかった。奈良屋からおよそ二～三里のところにひとつの酒屋がある。三人はここで休み、折しも魚屋が来たので肴を注文した。魚屋は長洲《ながす》（現宇佐市）という所の長吉といった。三人のうち二人（矢田と山本）が、一人（沢田衛守）にしきりに酒を呑ませていた。その酒屋からまた一～二里ばかりの熊村（現宇佐市）の路傍で三人は休憩した。その場で衛守は横死を遂げた。そこは字を墓ノ尾

という。（後略）

鶴崎は瀬戸内海航路の九州の起点のひとつとして、重要な港町であった。肥後藩は慶長六年（一六〇一）、大分県域の大分・海部《あまべ》・直入《なおいり》の三郡に飛び地を得た。それは肥後国から豊後国を経て、瀬戸内へのルートを確保しようとした加藤清正の画策によるものであった。寛永九年（一六三二）に加藤氏が改易（取りつぶし）されたあとも、続いて入封《にゅうぶ》した細川氏にもこの三郡は引き継がれ、明治初年まで熊本藩領であった。

鶴崎の住人毛利空桑（到）は儒学者で、知来館《ちらいかん》という私塾の主宰者であった。彼はまた、熱狂的な天皇崇拝者であり尊王攘夷論者として知られていた。当時鶴崎には、毛利空桑らの建議で創設された有終館（明治二年設立）があった。これは兵学を専門に教授する、肥後藩の藩学である。有終館の設立には空桑のほか、河上彦斎らが関わっている。河上は肥後藩士で、これもまた狂信的な尊王攘夷論者であった。元治元年（一八六四）には、開国派で知られる松代藩士佐久間象山を、同志とともに京都で暗殺したことで知られている。巷では、「人斬り彦斎《げんさい》」とも呼ばれた。この有終館に付属する形で、二大隊、九小隊、一大砲隊が編成され、様式の軍事教練を行っていた。「水兵を募って密かに海軍を」というのはこれをさすものと思われるが、これは肥後藩の正式な部隊である。ただし、河上彦斎の傍らには、木村弦雄《つるお》や古荘《ふるしょう》嘉門《かもん》らがおり、いずれも肥後藩士で尊王攘夷論者である。このあと登場する沢春三も肥後藩士（もともと菊池郡隈府《わいふ》（現菊池市）の商人の子という）で、のち政府要人広沢真臣の暗殺に関わったと疑われた人物である。要するに当時の鶴崎は、尊王攘夷論者の巣窟であった。そして彼らは、鶴崎を拠点に反政府運動を展開しようとしていたのである。その鶴崎に御許山騒動に関わった、矢田宏や山本與一が身を寄せていた。その鶴崎に送り込まれた岩倉の密偵（送り込んだのは三条実美との説もある）が、沢田衛守であった。沢田はもと土佐藩士だという。

犯人は誰か

事件翌日の三月一四日頃、矢田（のちにこれは矢田ではなく沢春三だと認定されている）と山本は別府の糸屋に帰り一泊した。この糸屋には、沢田の「愛妓」（愛人、妾）がいて、名を「兼松」といった。兼松は山本が沢田の刀を腰に帯びているのをみた。兼松は不審に思い、その子細を山本に問うた。山本は「沢田と刀を交換した」と答えた。しかし山本がいい終わらないうちに、傍らにいた矢田が手を上げて、山本がそれ以上しゃべるのを制した。兼松はさらに不審に思ったが、その場ではそれ以上の詮索をしなかった。山本と矢田は、翌日鶴崎へ向けて発った。その後、数週間して衛守の横死を兼松は聞く。兼松は犯人が山本と矢田の二人だと思い、いうかいうまいかを、人に相談した。こうして矢田、山本の名が四方に知られることになった。

右が事件発覚の経緯である。六月になって、上方（京、大坂）から帰った矢田は、自宅（別府の自宅か）で日田県官吏に捕らえられた（別府は日田県管轄下にあった）。そして取り調べを受けると矢田は、沢田殺しは山本と鶴崎の有終館にいた沢春三（春蔵）のふたりが行ったと供述した。さらに矢田は、自分が自宅で捕らえられたとき山本がそこに潜んでいたこと、沢は江村秋八と名を変え東京に行ったことも供述した。

これを確かめるために、豊前四日市の奈良屋林平（林兵衛）を呼び出し、面通しをさせた。すると林兵衛は、矢田を見て「これは奈良屋に来た三人の客のひとりではない」といい、さらに「三人のうち一人は肥後言葉でもう一人は長州の言葉。残りの一人はどこの人か分からない」と答えた。すでに紹介した報告書の中で林兵衛は、「三人のうち山本は兼ねてから知っている人である。その他一人は以前一泊したことがあって、四国言葉の人である。もう一人は知らない人であるが、別語をしゃべり」といっていたはずだから、ここで前言を翻したことになる。なぜ、前言を翻したかは分からない。しかし、いずれにしろ今回は、ひとりは「肥後言葉」から沢、もうひとりは「長州の言葉」から山本（山本は安芸国（広島）出身で報国隊脱隊士、花山院隊のひとり）が犯人らしいということになった。これまでの証言や状況から、山本が犯人のひとりであることは確実となった。しかし、もうひとりが矢田か沢かを確定することは出来なかった。そして、山本と沢ふたりの消息は知れなかった。

密偵暗殺事件の再調査

沢、山本両名の捜索は難航したまま、明治四年を迎えた。すると正月早々から、血なまぐさい事件が起きた。一月九日、政府要人、参議の広沢真臣が暗殺されたのである。ところがこの事件に沢春三が関わっている疑いが出てきた。しかもそれは、矢田の口から漏れたものだった。矢田は沢田殺害に関わった人物として、明治四年の三月、日田県の獄に一時入牢させられた。この日田県の獄で、久留米藩士河島澄之助という人物から、「肥後藩士平井丈之助事変名沢春三」が広沢暗殺に関係していると聞かされた。同年六月か七月頃、矢田は第一次富岡陣屋襲撃事件直前に長崎（矢田は事件前、長崎で武器調達を行っていた）で知り合った旧知と獄中で再会した。矢田はこの知人に、沢が広沢暗殺に関わったことを話した。その後どういう経緯か分からないが、この話が役人に漏れたのである。

その後、矢田が広沢暗殺事件に関して、取り調べを受けたのは、明治六年四月一四日である。広沢暗殺事件の話を聞いてから、二年ほどたっている。明治政府は、広沢暗殺犯を血眼になって探していた。そのためこの年の六月、司法省の役人を大分県に派遣した。司法省の捜査官らは、沢春三を中心に沢田衛守事件についても再調査をはじめた。こうして密偵暗殺事件の調査が再開された。この調査で作成された密偵暗殺事件の報告書（明治七年六月二二日付）は次の様にいう。

（前略）沢は肥後菊池郡隈府（現菊池市）の商人、平井屋某の子で平井丈之助である。沢は戊辰（明治元年）の後、肥後藩領鶴崎にいた。豊後七藩会議を立ち上げるときも直江精一らと事をすめた。沢は鶴崎の有終館にいて高田源兵衛や古荘嘉門、木村弦雄らと攘夷の説を唱えていた。庚午年（明治三年）三月中、土佐の沢田衛守（古井某と名乗っていた）が中国路を経て九州地方を巡歴して鶴崎有終館にやってきた。この頃、九州各藩では、激徒たちがさかんに攘夷論を唱えていた。沢田は岩倉殿の諜者（密偵、スパイ）で九州の動静を探っていた者である。そこに長州人である山本与一が、やはり有終館にいて、沢からそのこと（沢田が密偵であること）を聞かされた。そこで速やかに沢田を殺害して、有志の障害を取り除こうと話し合い、殺害に至った。

そして報告書は、四日市の奈良屋に宿泊したのは沢田と山本、それに沢の三人だとして、熊村で沢田を殺害したのも沢、山本のふたりであると結論づけた。そして、矢田が登場するのは事件後、別府の糸屋で沢と山本が酒宴をしている時だったという。こうして密偵暗殺事件に関する司法省の結論は、沢、山本が実行犯ということになった。矢田の容疑は、晴れることになった。

ただ右の報告書の内容をみれば、鶴崎の有終館は攘夷論者が集まって、反政府運動の拠点となっていたことがわかる。そして花山院隊の残党である矢田や山本も有終館に身を寄せていたのである。

「豊後七藩会議」

ところで、先の報告書に出てくる「豊後七藩会議」について、少し説明しておきたい。「豊後七藩会議」は、現在は一般に「豊後藩県会議」という。明治三年に四度にわたり、豊後諸藩の会議が行われた。四度の会議は、竹田の岡藩（三月）・臼杵藩（八月）・杵築藩（一〇月）・日出藩（一一月）で行われ、ほぼ毎回出席したのは、岡・臼杵・杵築・日出・府内・佐伯・森の七藩である。「藩県」の「県」は日田県で、第一回だけに参加している。

この「豊後七藩会議」の発起人は玖珠の森藩であった。森藩の知藩事の内命を受けた直江精一郎（報告書では「直江精一」となっている。森藩領速見郡鶴見村（現別府市）の庄屋の家系。第六章に登場した直江精兵衛（清水誠一郎）と同一人物の可能性もある）が、肥後藩の沢春三、岡藩の吉田肇・衣笠敏夫を同道して、会議の呼びかけをした。明治三年二月のことである。早速「衆議」の結果、豊後七藩と日田県の代表が三月一二日に岡藩に会したのであった。

肥後藩は、一時参加の意向は示していたが、実際には参加してはいない。呼びかけ人に沢が選ばれた理由はよく分からないが、豊後国内にある肥後藩領ということで、鶴崎にいた沢が加わったのであろう。また、直江と沢の間に個人的な関係があったのかも知れない。どうも有終館では、この豊後七藩会議を反政府運動の拠点として豊後諸藩を結集させるという構想をもっていたらしい。そこで沢が加わった可能性がある。また政府側も、各地で小藩が結集する動きをみせている（日向や四国など）ことに、神経をとがらせていた。先の報告書のニュアンスも、決して「豊後七藩会議」に好意的にはみえない。むしろ、「攘夷の説」と関わり警戒している様にみえる。

明治政府は、地方小藩の結集＝連帯強化の方向を許さなかった。この時期、各地で農民一揆が頻発しており、攘夷派志士による反政府運動も活発化する。政府は以後、藩県会議を禁じることになる。ただ「豊後七藩会議」設立の呼びかけが明治三年の二月で、第一回の開催が三月一二日である。沢春三は、密偵暗殺事件の直前にこのような活動を行っていたのである。

沢春三逮捕

沢が犯人だと結論づけた報告書は、明治七年六月のものであった。その後、沢はどうなったのだろうか。明治一〇年一一月一六日、西南戦争で薩摩軍に加担した熊本協同隊の関係者として、中村六蔵なるものが長崎で逮捕された。何とこの中村六蔵が、沢春三と判明したのである。

沢春三は、沢田暗殺の実行犯であったが、また広沢真臣暗殺の容疑者のひとりでもあった。そのため沢は東京へ護送され、厳しい取り調べを受けた。そして広沢暗殺について、山口迅（訊）一郎とともに広沢を殺害したことを自供した。山口迅一郎とは何者か。山口迅一郎はまたの名を迅太郎、幸太郎ともいった。しかしこれらは、すべて変名である。山口は本名を加藤龍吉といい、旧杵築藩の脱藩士であり矢田、山本と同じく花山院隊のひとりであった。あの花山院家理が、室積で拘束されたとき、山口もまた捕らえられたことはすでに述べた（第七章）。しかし彼はすでに、大学南校のイギリス人教師ダラスとリングを襲撃した傷害事件（明治三年一一月）の犯人として、この時すでに刑死している（明治四年三月）。すでに述べたように、沢春三は肥後藩士で、鶴崎にかなり長く滞在していたと思われる。その沢の口から山口迅一郎の名が出たのだが、この沢と山口の接点も鶴崎ではなかったかと筆者は推測している。

ところがその後、大審院（現在の最高裁判所にあたる）での裁判において沢春三は、広沢殺害の自供を翻した。結局、広沢真臣暗殺事件に関して有力な証拠は見いだせず、沢は無罪となった。その後も広沢暗殺事件の犯人はついにみつからず、未解決事件となった。しかし沢春三はその後、大審院の別の審理で、沢田衛守殺害事件に関して「禁獄十年」の有罪判決をいい渡された。その判決文は、次の通りである。

その方儀、明治三年三月、肥後藩所轄の豊後鶴崎有終館において、故高田源兵衛（河上彦斎――筆者）らが当時の政府の施政に不満を抱き、不軌（反乱）をはかった際、同志毛利到（空桑）が、旧高知藩士沢田衛守を同志と誤認し、内情を吐露してしまった。これによって、内情が露顕するのをおそれ、沢田衛守の口をふさぐため、高田源兵衛の指示によって、衛守を殺害した罪で禁獄十年を申しつけ候事。

この沢田殺害をめぐっては、関係者として、当時有終館にいた古荘嘉門が「禁獄四年に処すべきところ」、すでに国事犯として三年の刑を受けているので放免。同じく木村弦雄が沢を潜伏させた罪で、「禁獄三十日のところ免罪」となっている。なお、河上彦斎（高田源兵衛）は、すでに明治四年一二月に東京（江戸小伝馬町）で斬首されている。さらに「広島県安芸国豊田郡御手洗町（現呉市）平民村尾敬助」という人物が、「中村六蔵（沢春三）が衛守を殺害したとき、手を加えてはいないが共にその場にいた罪で、禁獄三年に処すべきところ、数年を経て当局に発覚したため免罪」という判決を受けている。沢とともに沢田殺害に関わったといえば、山本与一しかいない。つまりこの村尾敬助こそが、山本与一の本名ということになる。山本（村尾）は長州人とされてきたが、現広島県呉市沖の大崎下島の港町出身の者だった。

「内情」とは何か

ところで、右の沢の判決文中に「同志毛利到（空桑）が、旧高知藩士沢田衛守を同志と誤認し、内情を吐露してしまった」とあるが、空桑が漏らしてしまった「内情」とは何なのか。この「内情」の露顕を恐れて、河上彦斎が沢田衛守殺害の指示を沢春三に出しているのである。ここに密偵暗殺事件の真相がある様な気がする。

さきにあげた明治七年の「報告書」には、「庚午年（明治三年）三月中、土佐の沢田衛守（古井某と名乗っていた）が中国路を経て九州地方を巡歴して鶴崎有終館にやってきた」とある。岩倉の密偵沢田衛守は、「中国路を経て」九州へ入り、三月に鶴崎に来ている。

明治二年一一月、長州藩は奇兵隊などの諸隊を解体し、新たに士族を中心とする四個大隊の常備軍を編成しようとした。戊辰戦争が終わり（明治二年五月）、権力を手中にした長州藩にとって、もはや雑多な階層からなる「諸隊」は必要なかった。翌月以降、奇兵隊ほかおよそ二〇〇〇人の兵士が脱走し、反乱を起こした。明治三年二月、木戸孝允に率いられた藩兵によって反乱は鎮圧された（脱隊騒動）。「中国路を経て」九州に入った沢田は、この脱隊騒動をつぶさにみていた可能性がある。反乱は二月半ば頃には鎮圧されたから、沢田はそれをみて九州へ来たのではないか。もし現場にいなかったとしても、脱隊騒動の詳しい情報は持っていたはずだ。いや、もしかすると岩倉が放ったこの密偵は、はじめから奇兵隊の動き（脱隊騒動）に関する情報収集が任務だったのかも知れない。

反乱が鎮圧された後、奇兵隊の幹部だった大楽源太郎が山口を脱出し、姫島（現大分県東国東郡姫島村。山口県防府市と鶴崎の中間あたりにある島）を経て鶴崎に潜入している。大楽が山口を出たのが明治三年三月六日で、「約二十日」後に姫島に渡ってきた。鶴崎に入ったのはそれ以後だろうから、早くても三月末以降ということになる。沢田の暗殺は、明治三年三月一三日だから、この時点で大楽が鶴崎にいた可能性は低い。しかし殺害して口封じをしなければならないというような、重大な「内情」となると、この脱隊騒動に絡む情報ではなかったのではないだろうか。

沢田が大楽をピンポイントで追っていたかどうかは分からない。しかし奇兵隊を脱走した者たちが、鶴崎に入り込む可能性は大いにあったと思われる。因みに、河上彦斎は奇兵隊に属していた経験があり、大楽とは友人関係であった。また毛利空桑と大楽も親交があった。沢田も、この程度の大楽の交友情報は持っていたであろう。繰り返しになるが、鶴崎は新政府に反感を抱く尊王攘夷派志士たちの巣窟だった。大楽が鶴崎に現れる可能性は、大いにある。空桑が漏らした「内情」をこう考えるならば、密偵沢田殺害の動機に充分なり得るのではないだろうか。

アジールとしての鶴崎

さて、明治三年におきた密偵暗殺事件をみてきた。殺害の現場は、御許山近くの熊村（現宇佐市）であったが、事件そのものは鶴崎を舞台にして展開していたことがわかる。そして当時の鶴崎には、御許山騒動の関係者矢田宏や山本与一が身を寄せていた。沢田殺害の実行犯の沢春三は、広沢暗殺を一度自供したとき、山口迅一郎（加藤龍吉）の名をあげていた。沢と加藤が面識があったことは間違いない。その沢と加藤の接点も、鶴崎だった可能性が高い。加藤もまた、御許山騒動の参加者だった。

明治三年当時の鶴崎では、毛利空桑や河上彦斎らの建議で設立された有終館が、反政府運動の拠点となっていた。事件に関与したとされる河上、古荘、木村ら肥後藩士は、新政府に反感を抱く狂信的な尊王攘夷論者たちであった。そして毛利空桑もまた、強烈な天皇崇拝者であり尊王攘夷論者だった。その有終館に、御許山騒動の「残党たち」が身を寄せて、肥後藩士らとともに反政府運動を展開していたのである。当時の鶴崎、そして有終館は、いわば反政府運動の活動家たちのアジール（避難所）的な性格を持っていたといえよう。そして鶴崎は、密偵暗殺事件のあとに今度は、「大楽事件」（＝久留米藩難事件。もと奇兵隊幹部の大楽源太郎が、脱隊騒動で長州を逃れ鶴崎に来る。彼はその後、岡藩（現竹田市）や久留米藩など、九州各地を転々とする。大楽は久留米で殺害されるが、事件後、九州各藩では大楽に関わった者たちが大量に処罰される）の舞台となるのである。

矢田宏の西南戦争

最後に、花山院隊の残党、矢田宏のその後の戦いをみて終わりにしたい。本書ではすでに、矢田の名は何度も登場している。矢田は室積で捕縛され、その後釈放され、明治三年頃は鶴崎に潜入して反政府活動に関わっていた。ここでも密偵暗殺事件に関わったとして、一時収監されている。明治四年には、広沢真臣暗殺事件に関連して日田の監獄に収監され、取り調べを受けた。政府にしてみれば、矢田は札付きの「反政府活動家」だったといえる。しかし矢田の戦いは、その後もつづいた。

矢田は幼名を弘といい、のち宏と改める。別府の医師であった矢田淳の長男で、弘化元年（一八四四）九月、生まれる。安政七年（一八六〇、万延元年）三月、一七歳で日田の咸宜園《かんぎえん》に入門し、広瀬青村（青邨）に師事する。また、毛利空桑にも学んだ。二一歳の時から、御許山挙兵の計画に参画する。第一次富岡陣屋襲撃事件では、中心的役割を果たしている。

明治四年に矢田は、日田の獄につながれた。この時日田の獄で、矢田は後藤順平（純平）と出会っている。後藤は大分郡南庄内村（現由布市庄内町）生まれで、明治三年の府内藩領庄内谷でおこった農民一揆の指導者であった。この一揆の首謀者という罪で、明治三年に日田の獄に入れられ、明治六年に出獄している。後藤はその後、代言人（現在の弁護士）となって、中津で開業した。そして明治一〇年（一八七七）の西南戦争で、増田宋太郎を隊長とする中津隊に加わる。この時、矢田を説いて中津隊に参加させたのは、この後藤順平だといわれている。おそらく日田の獄で、反政府活動家として気脈を通じていたのであろう。中津隊は、明治一〇年三月三一日に蜂起した。

　中津隊は、四月二日に大分県庁を襲撃したが、落とすことは出来ず熊本へ向かった。そして阿蘇の二重峠《ふたえのとうげ》（阿蘇と菊池の郡境）で、薩摩軍に投じた。その後、中津隊は野村忍介《おしすけ》率いる奇兵隊に加わり、竹田ほか大分県南の戦いで転戦した。八月一五日、西郷は長井村（現宮崎県延岡市）で解軍令（薩軍の解散命令）を出した。しかし、矢田や後藤らは、ここでも脱落せず西郷に従った。残った精鋭約一〇〇〇人は、一八日早朝、官軍が守備する可愛岳《えのたけ》を突破し、九州山地を鹿児島へ向かう。しかし同日、矢田は鹿川《ししがわ》（現宮崎県日之影町）付近の戦闘で流れ弾にあたり負傷した。それでも矢田は九月一日、薩摩軍とともに鹿児島に入った。四日、薩摩軍は官軍の本営米倉を攻撃したが、撃退された。このあと矢田は、官軍に投降したという。九月二四日、官軍に包囲された城山は陥落し、西郷は自刃し西南戦争は終わった。そして、矢田の戦いも終わった。矢田は国事犯として、懲役二年の判決を受け、東京市ヶ谷の監獄に入れられた。ちなみに後藤順平は、斬罪に処せられている。

　矢田は若い頃から、しばしば死地に遭遇するが、そのたびにそれを脱した。そのため顔面や体に数ヶ所の創痕（刀傷や弾疵）があった。右手の人差し指にも裂傷があって奇形となっていたという。矢田のすさまじい生き方が、そこに体現されている。矢田はそののち、新潟県師範学校で教鞭を執り、徳島県でも役人となった。さらにその後、日本鉄道会社に入った。後年、咸宜園の同窓で大審院長横田国臣《くにおみ》の知遇を受け、東京で余生を送った。大正二年（一九一三）七月没、享年七〇歳（『別府市誌』、昭和八年）。

終章

花山院隊事件とは何か

ここでは、花山院隊事件の持つ意味を当時の中央政局の動きや、同じような公卿を擁立した討幕挙兵事件との比較から考えていきたいと思う。考えてみれば、花山院隊事件は、文字通り激動の中で起きた事件である。事件が起きた慶応三年(一八六七)末から慶応四年(一八六八、この年明治に改元)はじめは、大政奉還、王政復古の大号令、鳥羽・伏見の戦いとめまぐるしく事態が動いた時期である。このような中で、それまで天皇とつながり尊攘運動を支えた草莽の位置づけも変わる。有り体にいえば、新政府にとって草莽は、もう必要でなくなるのである。いや必要どころか、邪魔にさえなっていく。

大和と生野の挙兵

花山院隊事件のような、公卿を擁立して挙兵し討幕を目指した事件は、いくつも起きている。ただし同様の事件は、文久三年(一八六三)と慶応三年末から翌年はじめに集中している。ここでは天誅組の変と生野の変をみてみたい。

文久三年の挙兵で知られるのが、まず天誅組の変である。同年八月一三日、攘夷成功祈願のための孝明天皇による大和行幸が決定される。これを機に、土佐の吉村寅太郎、備前の藤本鉄石、三河の松本奎堂らの過激派を中心に、元侍従中山忠光を擁して大和挙兵を計画した。一行は八月一四日に京都を出発した。この中山忠光を擁した尊攘派の武装集団を天誅組という。天誅組は、大坂、河内を経て一七日に大和五條代官所(現五條市、奈良県南部の幕府領約七万石を管轄)を襲撃し、代官鈴木源内ら五人を殺害。翌日、近隣の幕府領を朝廷領とし、当年分の年貢半減を布告した。しかし「八月十八日の政変」で状況は一変した。天誅組ほか、これまで朝廷を牛耳っていた尊王攘夷派勢力（長州藩も含め）は京都から排除された。天誅組は、高取城（現高市郡高取町）攻略に失敗する。紀州藩・藤堂藩などの追討軍の攻撃を受け、頼みとした十津川郷士の離反もあって総崩れとなり、九月二四日に吉野山中（現東吉野村）で壊滅した。挙兵からわずか一ヶ月余りのことであった。

この天誅組の挙兵に呼応して起きたのが、生野の変である。筑前（福岡）藩の平野国臣《くにおみ》、薩摩藩の美玉《みたま》三平ら尊攘派浪士が主導し、但馬《たじま》国（現兵庫県）の豪農中島太郎兵衛、北垣晋太郎らが進めてきた農兵計画と結び、沢宣嘉（八月十八日の政変で長州にのがれた七卿のひとり）を奉じて挙兵した。一〇月一二日未明、彼らは生野にあった幕府代官所（現朝来《あさご》市、生野銀山と周辺の幕府領八万石余を管轄）を襲撃、占拠した。挙兵の「檄」に応じた近隣の農兵は、約二〇〇〇人に及んだという。しかし幕府の命令で出石《いずし》藩（現豊岡市）、姫路藩などの藩兵が出兵すると挙兵側は結束が乱れ瓦解した。一三日夜、沢は脱出してのがれ、農兵の多くも離反した。生き残った尊攘派の志士たちは、逆に地元農民に襲われ殺害されるなどして挙兵は失敗に終わった。以後、但馬地方では、一般農民による豪農層に対する一揆や打ちこわしが続いたという。

このふたつの挙兵は、尊攘派の公家を擁して挙兵したが、八月十八日の政変という公武合体派や佐幕派の勢力が盛り返す中で、事件の周辺藩によって武力鎮圧された。幕府の権威は落ちていたとはいえ、まだ幕府側が圧倒的な軍事力を行使することができる段階であった。

高野山挙兵

慶応三年から翌年の戊辰戦争内乱期、公卿擁立型挙兵のさきがけとなったのが、高野山挙兵である。あまり知られていないが、公卿を擁立した挙兵では、唯一成功した事例である。後述する高松隊、赤報隊もこの挙兵に触発されて隊を結成、挙兵している。時期的には花山院隊も、この挙兵の成り行き（成功）を知っていた可能性がある。

慶応三年（一八六七）一二月八日、陸援隊（慶応三年五月、土佐の中岡慎太郎によって組織された討幕のための浪士隊）は岩倉具視から、鷲尾隆聚《たかつむ》（読みは「たかあつ」とも）を擁して、高野山において挙兵せよとの密命を受けた。高野山において挙兵するのは、紀州藩を牽制するためである。いうまでもなく、紀州徳川家は御三家のひとつであり、武装上洛して旧幕府勢力の巻き返しを図っているとの情報があった。大政奉還後、大坂城に移った徳川慶喜と新政府との緊張状態が続く中、王政復古を画策していた岩倉は、紀州藩の動向を強く警戒していた。紀州藩の動きに対し陸援隊は、前日の一二月七日、京都油小路の天満屋において、紀州藩士三浦休太郎を襲撃するが失敗に終わっている（天満屋事件）。

当時、鷲尾隆聚は謹慎中であったが（慶応三年、イギリス公使パークスの伏見通過を批判して、親幕派の公家の罷免を要求したため、「差控」（謹慎）となっていた）、陸援隊士香川敬三（水戸脱藩士、のち岩倉の腹心）の手引きで自邸を脱出し、高野山に向かった。田中光顕（土佐脱藩士）や岩村高俊（土佐藩陪臣）らの陸援隊士は、銃一〇〇挺を土佐藩白川邸から無断で持ち出して、十津川郷士らとともに高野山に向かった。一行は淀川を船で下って大坂へ出て、九日に堺、一〇日に河内三日市を経て一一日に紀州に入った。土佐藩は挙兵を阻止するために後を追うが、田中らは勅命（岩倉が発した偽勅だという）を受けており、また出発の翌日一二月九日には、王政復古の大号令が発せられたため、この行動を追認した。

一二月一二日、高野山に到着した鷲尾と陸援隊士らは金光院を本陣に定め、一〇〇名程度で挙兵した。そして、紀州藩をはじめとする周辺の諸藩に使者を送り、王政復古を宣言した朝廷への恭順を迫った。この挙兵を知った勤王の志士たち（草莽）が続々と高野山に参集し、軍勢は一時、約一三〇〇人余にまで膨らんだという。紀州藩は高野山の鎮圧には動かず、一六日に鷲尾に使者を送り、朝廷への恭順の意を示した。御三家でしかも大藩の紀州藩の態度をみて、周辺の諸藩も朝廷に服した。

慶応四年一月三日にはじまった鳥羽・伏見の戦いに際して、鷲尾たちはそのまま高野山に滞陣していた。それによって、紀州、大和方面の諸藩を牽制し、大坂の旧幕府軍との連絡を断つ役割を果たした。こうして、高野山挙兵は大成功をおさめる。一月四日、鷲尾の命を受けた斎原治一郎（のち大江卓）は上京し、五条為栄《ためひで》から、勅書（鷲尾に大坂城を攻めるようにとの天皇の命令）と錦旗を賜る（錦旗は幅八〜九寸（三〇センチ弱）。長さ一丈（約三メートル）。金の日像、銀の月像の二旒だったという）。錦旗は一月六日に高野山に届けられ、以後、鷲尾軍は錦旗を掲げて進軍した（ただし大坂城はすでに落城していた）。新政府軍が勝利した後の一月一六日、鷲尾らは高野山を引き払い京都に帰還した。

高野山挙兵は、王政復古後に軍事力に不安があった新政府（維新政権）が、まだ草莽たちを軍事力として頼んでいた時期の「奇跡的な成功」だったといえる。

なお児島長年は、「西征の勅書」を得るために一二月二七日に入京し、正月七日まで京都に滞在していたから、高野山挙兵の成功について知っていた可能性がある。

高松隊「偽勅使《にせちょくし》」事件

尊王攘夷派の志士、小沢一仙《おざわいっせん》らが公家の高松保実《やすざね》（三位）の三男高松実村《さねむら》を奉じて組織したのが高松隊である。小沢は伊豆の生れで、もともと宮彫刻家であったが、尊攘運動に身を投じ、海防に関する発言を行っている。安政四年（一八五七）には、軍船に関する建白書を掛川藩主に提出し採用され、同藩に一時抱えられた。その後小沢は甲府に移り、武田家の遺臣の子孫とされる甲州神主層との関係を深める。その後小沢は、敦賀《つるが》（現福井県敦賀市）と琵琶湖を結ぶ運河建設計画にも関わっている。慶応年間には尊攘運動にも邁進し、上京していたらしい。慶応三年一二月に小沢は「甲州武神主」と名乗り、「尊皇に勤めてきた甲州の神主、武田浪人に対し、朝廷の警衛を命じてほしい」との建白を高松保実に行った。これに対し高松から、甲州武神主らに対し、「万端実直の指揮、御奉公筋に励むべき事」との書状を得る（慶応四年正月元日）。小沢がこの書状を手にしてから、高松隊の組織化が行われる。

小沢らが、高松実村を奉じて、挙兵計画を進めるにあたっては、三条実美を通じて「官軍鎮撫隊」の証として、錦旗の下賜を依頼していた。しかし慶応四年正月一七日になると「にわかに御評議が変じ」たことを理由に、鎮撫の勅命も錦旗も下賜できないという知らせが来た。このころすでに、草莽隊に対する風向きが変じていたのである。維新政権は、草莽隊の動きを抑えはじめていた。

三条からは、挙兵のために京都を出ることは、見合わせるようにとの岩倉の意向を伝えてきた。

このあたりの状況は、およそ一〇日前の慶応四年正月六日、花山院隊の児島長年に対する三条の態度とよく似ている。三条は児島に対し、「今は挙兵の勅書を下すような場合ではない。花山院はひとまず帰京せよ。九州の同志たちはいったん集めさせ、上京させて王事に勤労すべきである」との「内命」を児島にあたえている。これは、花山院隊に対する事実上の「挙兵中止勧告」である。

鳥羽・伏見の戦いから戊辰戦争の内乱期に各地の草莽たちが、勤王のために立ち上がる。しかし、鳥羽・伏見の戦いの勝利以降、草莽の挙兵をめぐる状況は少しずつ変わりはじめていく。

ところが高松隊は、この岩倉や三条の意志に反して、正月一八日に京都を発って東国へ向かうのである。この時、高松隊の一行は、わずか一四人だった。彼らは琵琶湖を経由して近江八幡《おうみはちまん》に最初の宿をとったが、最終的には甲府を目指した。京都を出たとき、わずか一四人で軍資金も武器もほとんど持っておらず、隊の体はなしていなかった。しかしその後、彦根藩から武器・軍資金・兵士・人足の提供を得た。また個人的に従軍を希望する者（各地の草莽たち）も加わっていく。朝廷に帰順した諸藩は、次々に高松隊に武器や資金などを献納した。そして高松隊本隊が甲府に着いたとき（本隊の到着は慶応四年二月一一日）は、総勢二〇〇〇人余に膨らんでいたという。

ところが、この時桑名《くわな》（現三重県桑名市）にあった東海道鎮撫総督府（新政府の東征軍の本隊）は、二月一〇日以降、高松隊の排除をはじめる。鎮撫総督府は、「高松隊は勅命によって差し向けられた鎮撫隊ではなく」、「無頼奸徒」が幼稚な公達《きんだち》（高松実村をさす）を欺いて組織したものであるとした。そして諸藩に、高松隊を取り押さえるよう命ずる。こうして高松隊は「偽勅使」となり、高松実村は京へ帰され、参加者は離散していき、幹部では小沢一仙兄弟のみが捕縛され、のち処刑された。

赤報隊「偽官軍」事件

花山院隊事件をはじめとする、いくつかの「偽○○」事件の中で、もっとも有名なものが赤報隊の「偽官軍」事件であろう。それはこの事件が、いくつかの教科書にも掲載されていて、その真偽が家永教科書裁判でも争われたからである。「偽官軍」事件とは、尊攘派の志士相楽総三《さがらそうぞう》を隊長とする赤報隊一番隊が、慶応四年(一八六八)一月、東海道鎮撫総督府軍(官軍本隊)に先行して東山道に入り、「年貢半減」を布告しながら進軍したが、その後「偽官軍」として捕らえられ、三月三日に長野県下諏訪郡で処刑された事件である。山川出版社の教科書では、脚注に「相楽総三らの赤報隊は幕府領での年貢半減を掲げて東山道を東進し、農民の支持を得たが、政府はのちに相楽を偽官軍として処刑した」とある(『詳説日本史改訂版』、二〇一九年)。

官軍先鋒隊としての赤報隊は、慶応四年一月六日、京都を出奔したふたりの公卿、綾小路俊実《あやのこうじとしざね》と滋野井公寿《しげのいきみひさ》を擁して結成される手はずがすすんでいた。そこへ薩摩藩の西郷隆盛(京都で討幕派を指揮)の指令を受けた相楽総三とその同志たちがかけつけ、近江国愛知郡《おうみえち》の松峯山金剛輪寺《しょうほうざんこんごうりんじ》(現滋賀県愛荘町)で結成された(一月一〇日)。前日九日に相楽は、「赤報隊を正式な官軍の構成部隊と認めてほしい」との嘆願を行っていたが、一一日に新政府から「両卿の京都脱走はとがめだてしない(公卿は天皇の許可なかなく京都を出てはならなかった)」「義徒をあつめて皇軍の威光を輝かすよう励まれたい」とのお墨付きが下された(赤報隊は公認された)。ただし、あくまで鎮撫総督軍の監督下に属すること、と釘を刺されている。つまり勝手な行動は許されなかった。

一月一二日、相楽はさらに「官軍の御印《みしるし》（徽章《きしょう》）を賜りたい」との嘆願と「旧幕府領の民心を得るために年貢半減布告」の建白書を差し出した。これに対し新政府は、「関東討ち入り時に御印をあたえる」「これまで幕府領には、すべて当年は年貢半減を仰せつけられた。昨年未納分も同様である」という裁可が下された（一三日か一四日）。つまり、新政府は年貢半減令を間違いなく出している。これを受けて一五日に、赤報隊が止宿していた高宮宿（現滋賀県彦根市）ではじめて年貢半減の高札が掲げられた。これ以降、赤報隊は年貢半減を掲げながら、中山道を東へ進軍していくのである。

ところが一月下旬になると、京都で赤報隊の悪評（「悪い噂」）が広がりはじめる。実は赤報隊は、相楽の一番隊（西郷の影響下にある志士中心）、鈴木三樹三郎の二番隊（新撰組の分派）、油川信近の三番隊（水口《みなくち》藩士中心）の三グループがあったが、さらに滋野井をとりまく柳の図子党（京都松尾社周辺に集まっていた勤王の志士たち）のグループがあった。佐々木克は、この滋野井グループの統制がとれておらず、各地でトラブルを起こしたことが悪評となって広がったという（佐々木「赤報隊の結成と年貢半減令」）。そして早くも一月二五日、赤報隊にはいったん京都に帰れという「帰洛命令」がだされる。これは実質的な赤報隊解散命令であった。

二番隊と三番隊、それに滋野井グループはこれに従ったが、相楽の一番隊は「帰洛命令」を無視して進軍を続けた。それは、官軍東征成功の鍵が、碓氷峠《うすい》（群馬と長野の県境）の早期占拠にあるという、相楽独自の戦略的意図があったからであった。相楽の一番隊は、「官軍先鋒隊嚮導隊《きょうどうたい》」と名乗り進軍を続け、二月一四日には碓氷峠を占拠した。しかしこれは、鎮撫総督府軍の指揮から逸脱した勝手な軍事行動であった。総督府は二月一〇日、信州諸藩に相楽の嚮導隊を「無頼どもの偽官軍」として取り押さえるよう布告を出した。信州諸藩は、二月一七日に追分宿《おいわけ》（現長野県北佐久郡軽井沢町）迄もどってきた嚮導隊の北信分遣隊を攻め壊滅させた。嚮導隊士の多くは捕らえられ、呼びだしを受けて出頭した相楽も捕らえられた。そして三月三日、下諏訪において相楽ら幹部八人が処刑、六日に追分宿で桜井常五郎（地元佐久郡出身の北信分遣隊長）ら三人が処刑。そのほか、大量処刑が執行された。

草莽隊の利用価値低下

赤報隊や花山院隊の末路をみると、全くの悲劇といわざるを得ない。しかしなぜ、このような「偽官軍」事件が起き、草莽たちは歴史の表舞台から排除されなければならなかったのか。文久年間の公卿を擁立した挙兵では、幕藩勢力が圧倒的な武力で草莽隊を鎮圧した。ところが戊辰内乱期以降の草莽による挙兵は、新政府（維新政権）の手によって鎮圧された。正確にいえば、新政府が自らの手で鎮圧せずとも、新政府の命令で「勤王」になびいた旧諸藩の武力によって鎮圧された。草莽隊にとっては、新政府は敵ではなかったはずである。新政府にとっても、草莽隊は「友軍」ではなかったのか。しかし戊辰戦争期になると、新政府と草莽隊の間には、決定的な対立が生じた。それは何か。

まずあげられるのが、新政府にとっての草莽隊、もしくは草莽そのものの利用価値の低下である。

まず草莽隊による挙兵の多くは、公卿を擁立した。それは、草莽たちのほとんどが尊王思想の持ち主であるからである。また草莽たちは、脱藩士や豪農、豪商、それに神主や僧侶、農民などで構成された。彼らは幕臣や藩士のように特定の主従関係を結んでいないか、それから脱した者たちである。それゆえ、公卿を擁することで天皇や朝廷と結びつく。そのことによって、幕藩制的権威や体制を超越する「天皇中心の国家」を志向しえたのである。

いっぽう、慶応三年一二月に成立したばかりの新政府は、まだ財政的にも軍事的にも脆弱な政権だった。草莽の持つ、決して大きいとはいえない軍事力（いいかえれば暴力）も、新政府が幕府と対決していく上で、喉から手がでるほどほしかった。勤王を実践するため手弁当で戦う草莽隊は、新政府にとってこのうえない、利用価値のある集団だった。

ところが慶応四年に入って、鳥羽・伏見の戦いで主に薩長土で構成される新政府軍が勝利する。すると一月下旬ころまでに近畿以西の諸藩が、続々と「勤王の誓詞」を提出して、新政府になびく。それに伴い、急速に草莽隊の利用価値が低下する。それはなぜか、それはまた、具体的にはいつ頃からか。

鳥羽・伏見の戦いの後、一月一〇日に新政府は、徳川慶喜や松平容保《かたもり》（会津藩主、もと京都守護職）など旧幕閣の官位を奪い、「朝敵」として「追討」する旨の布告をする。この一〇日以降、これまで勤王について中立や曖昧な態度だった諸藩が、朝廷支持を表明しはじめる。それまで、薩摩藩や長州藩と疎遠ないしは対立すると思われた諸藩も勤王に傾斜する。そしてそれは、西日本の諸藩で顕著だった。一月一三日には、中国四国鎮撫総督に四条隆謌《しじょうたかうた》が任命されるが、中国・四国諸藩のほとんどは「勤王の誓詞」を提出して朝廷（新政府）に恭順する。九州諸藩は、一月末から二月末にかけて、「勤王の誓詞」を薩摩藩に出している。こうして新政府は、西国諸藩を味方に付け、軍事力としても動員することが可能になった。軍事的に自信を得た新政府は、一月一五日に諸外国に対しても王政復古を通告する。

赤報隊が結成されたのは、一月一〇日であった。この頃までは、新政府はあらゆる勢力を自らの軍事力として取り込む必要があった。草莽隊も、そうしたもののひとつであった。しかし、一五日頃になると変わりはじめる。例えば山陰鎮撫総督（西園寺公望）が、京都を発したのは一月五日であった。この時、新政府は丹波山国庄《やまぐにのしょう》（現京都市）の山国郷士たちに、武器を取り鎮撫総督に従うよう命じた。ところが一〇日後の一月一五日になると、「（総督の）護衛の兵士は目下多人数なので不用」といい、彼らを帰村させている。高松隊に対して、「単独挙兵は認めない」という評議をしてそれを通告したのは、一六日であった。佐々木克は、新政府の草莽に対する態度が大きく転換するのは、一四日から一六日あたりではないか、と推測している。

花山院隊事件に目を戻してみる。報国隊の藤林六郎と小川潜蔵が拘束されるのが、一月一三日だった。そして翌一四日に、花山院隊による四日市陣屋が襲撃され御許山騒動がおこった。二〇日になって、藤林と小川が報国隊によって斬首される。同日、報国隊と奇兵隊の鎮圧部隊が、宇島に上陸した。いっぽう、周防室積にいた花山院が拘束されるのも二〇日であった。長州藩は、一月二〇日に、花山院隊壊滅に向け、一斉に動き始めている。ただ、四日市陣屋の襲撃から、ちょうど一週間がたっていることが気になる。これは、「わずか一週間」なのか、「一週間も」なのだろうか。

もし長州藩が、花山院隊事件を「脱隊騒動」と限定したならば、長州藩は花山院隊の鎮圧にすぐに動いたのではないか。しかし単なる脱隊騒動ではなく、長州藩内に花山院本人がいるという状況では、簡単に手を出せなかった。長州藩の動きは、新政府の草莽弾圧の流れに連動した可能性がある。

新政府の方針転換

これに関して、佐々木はまた重要な指摘をしている。さきに高松隊の「偽勅使」事件を紹介したが、高松隊が挙兵するとき彼らは三条実美の同意を得ていた。ところが正月一七日になって、三条から「御評議が変じたから、思い止まるように」いわれた。高松隊はこの三条の意向を無視して挙兵するのだが、この三条のいう、政府の方針転換が何かということである。

実は一月一六日に、「宮、公卿」らに対して、次のような告諭が出されている。「家来、下部にいたるまで、朝廷のご威光を借り、勤王を口実にして、世人を欺き、金品を貪るような者がいるようであるが、今後はそうしたことがないように」と。告諭中の「下部」は「げぶ」と読み、「召使い」のことをいう。しかし具体的には、正式な家来ではなく、宮や公卿に仕えている者、または出入りする者、すなわち草莽たちを指しているという。すなわちこの告諭は、草莽たちの逸脱した行動を取り締まるために出されたものである。このころから京都では、挙兵した草莽たちの「乱行」に関する「悪い噂」が流れはじめていた。一月一四、一五日頃、新政府は草莽の統制を真剣に検討しはじめていたのではないか、という。この告諭は、参与から尾張・越前・土佐・安芸・薩摩の諸侯にも伝達された。ただこれは、この五藩に限定されたものではないだろうから、長州藩にも伝わっていたと考えても差し支えないであろう。何より新政府の実態は薩長政権である。

このようにみてくると、一月二〇日になって長州藩が、花山院隊壊滅に向け一斉に行動を開始するのも納得できるのである。そして、「勤王を口実として乱行をはたらく者」という草莽弾圧の理由、論理もここにはっきり現れている。御許山騒動での花山院隊の罪状も、「口に正義を唱え、盗賊の所業をなし」であった。ここでいう「正義」は、「勤王」に置き換えられるのである。

年貢半減令とその撤回

赤報隊が「偽官軍」の烙印を押されるもうひとつの理由に、彼らが年貢半減令を前面に立てて進軍したことがあげられる。年貢半減令については、それを裏付ける史料もある。従って、新政府がいったん半減令を出したこと自体は、疑う余地はない。これもまた、新政府が旧幕府領の民心を得て、傘下に収める方便として出したものである。しかしこの半減令は、新政府にとって、すぐに都合の悪いものとなった。新政府は、軍事力とともに財政難もまた大きな不安材料だったからである。

年貢半減令は、慶応四年一月一三日か一四日に裁可され、一五日には赤報隊が高宮宿で高札を掲げた。ただしこの年貢半減は、東海道鎮撫総督の指示のもとで運用されるべき性格のものであった（赤報隊は、総督の指示とは関係なく触れ回った）。これとは別に一月一四日付で、備前・長州・芸州の三藩に年貢半減を行う旨の文言（「当年の租税は半減とする。去年未納の分も同様」）を付した政府文書もある。いずれにしても、この段階で年貢半減は、東国と西国の旧幕府領に適応されるものとして、全国的広がりを持つ法令となった。ところが、東山道鎮撫総督の岩倉具定《ともさだ》（岩倉具視の次男）に従っていた、香川敬三（岩倉具視の側近のひとり）から岩倉あての書簡がある（一月二三日付）。この書簡は、年貢半減の実施伺いであった。これに岩倉の返事が付されているが、そこには「（民心をとるべきではあるが）財政難のため、半減と申すことは不可」とある。岩倉は一月二四日頃、はっきりと半減を否定している。一月二三日、新政府は、三〇〇万両におよぶ債権の募集を決定している。これに三井・小野・島田・鴻池らの特権商人が、協力することになった。彼らは協力する代わりに、年貢米の独占的取り扱いを政府に要求した。特権商人は取り扱い高が減少するであろう、年貢半減に反対したとみられ、政府もこれに応ずるためには「年貢半減は不可」と判断したとみられる。

新政府は一月一四日に備前・長州・芸州三藩に出した、さきの年貢半減令とほぼ同じ内容の文書を一月二七日に修正した。そこでは、「当年の租税は半減とする。去年未納の分も同様」の部分が抹消されている。ただしこれは、年貢半減令撤回の布告ではない。政府はその後も、正式には「年貢半減撤回令」を出してはいない。同じ二七日に、新政府は東海・東山・北陸の三つの鎮撫総督と関西諸藩の旧幕府領の土地台帳の提出を求めた。このとき年貢半減について、新政府は何も言及しなかった。不審に思った諸藩が、年貢半減について問い合わせると、新政府は「口頭で」年貢半減を取り消した旨を回答した。つまり一月二七日、政府は「非公式」ではあるが、年貢半減を否定した。

結局赤報隊は、東海道鎮撫総督の指揮下から逸脱していたこと、二五日の帰洛命令に従わなかったこと、年貢半減が撤回されたあとも年貢半減を掲げて進軍したことで、「偽官軍」として抹殺されたのである。

なお年貢半減令は、それが撤回された後も、戊辰戦争中に何度か出されている。それは越後方面で、五月一日、六月一日・七日、八月八日、一〇月二二日に出された。このほか、八月二日には平潟《ひらかた》（現茨城県北茨城市）で、八月七日に白河（現福島県白河市）でも出されている。これらはいずれも、官軍（新政府軍）が戦争中に苦境にたたされたときに出されたという（高木「赤報隊は偽官軍だったのか」）。年貢半減令は、民心を引きつけるための新政府軍の方便だった。しかしすでに述べてきたように、新政府は財政上、年貢半減は「不可」という決定をしている。それは方便としても、実に質《たち》の悪い方便だった。

九州における花山院隊事件の意義

この章であげた、いくつかの公卿擁立型挙兵は、いずれも京都とその周辺で起こったものである。そういう意味では、花山院隊事件は京都から離れた、九州で起きたことにまず特徴がある。しかしそれだけに、激動期に置かれた九州の状況を浮かび上がらせた。花山院隊事件は、戊辰戦争のいわば裏庭（九州）で、何が起きていたかをみせてくれた。

花山院隊が、幕府の豊前四日市陣屋を襲撃したことで、九州幕府領の中心であった日田代官が逃亡した。それによって、九州幕府領では権力の空白が生じた。日田をはじめ、肥後天草、豊前四日市でも、周辺諸藩や薩長の藩兵が入り乱れ、緊張が高まるという混乱が一時生じた。

その中で、天草と日田では、薩摩藩と肥後藩の大藩同士の対立軸があったが、薩摩藩が主導権を握ろうと画策し影響力を行使した。第一次富岡陣屋襲撃事件は、花山院隊にとって、軍資金の獲得という意味で大きな成果だった。しかしこの事件には、薩摩藩の関与が濃厚である。第二次富岡陣屋襲撃事件を契機に、肥後藩管轄下の天草富岡に薩摩藩兵が出張して、両藩の緊張が高まった。その後しばらく両藩は、天草の支配権をめぐって論争を続けた。豊前四日市では、御許山騒動を長州藩が鎮圧したことで、一時この地域の実効支配を行った。事件後は久留米藩と協力するというかたちをとったが、長州藩は小倉戦争以降、豊前企救郡を支配しており大きな影響力を残した。周辺の二豊諸藩は極度の緊張の中で、この事件を静観せざるをえなかった。事件後には薩摩藩士が二豊諸藩を訪問し、「勤王の誓詞」を要求した。小倉戦争で敗退した小倉藩が退いた豊前香春において、鍋屋騒動がおきた。鍋屋の花山院別働隊は、香春（小倉）藩兵がこれを壊滅させた。しかしこの事件にも、薩摩藩が深く関与し、事件後は長州藩も加わって事後処理が行われた。周防大島では、九州鎮撫に向かう前の花山院本人が滞在していたが、槇村正直によって拘束され、花山院隊は壊滅させられた。

このようにみてくると、花山院隊事件を契機として、薩摩藩と長州藩は九州諸藩を積極的に自らの陣営に取り込む動きをしている。そして実際、花山院隊事件後の二月中には、九州諸藩は「勤王の誓詞」を薩摩藩主に提出した。これで薩長の新政府は、後顧の憂いを取り除き、旧諸藩の軍事力も動員することが可能になった。もちろんそれでは、花山院隊事件がなかったならば、それが出来なかったかといえばそうではないだろう。しかし少なくとも薩長両藩は、花山院隊事件を利用しながら、九州における主導権を獲得しようとした。とくに薩摩藩は、この事件に深く関与した。また小倉戦争後の小倉および下関には、薩摩藩士も常駐していて、長州藩と協力しながら花山院隊事件に対処した。

草莽たちの花山院隊事件

最後に、花山院隊の側からこの事件をみてみたい。花山院隊の母体は、二豊を中心とする北九州の尊王攘夷派の志士たちだった。彼らは、国学者、儒学者、神主、脱藩浪士、農民など、いわゆる草莽で構成され、尊王攘夷運動を展開した。彼らの活動拠点の多くは、九州内の幕府領であった。彼らの最終的な目標は、日田に勤王討幕の兵を挙げ諸藩を糾合することであった。しかし日田代官の前に、目論見は何度も挫折する。また主要なメンバーが、捕らえられ殺害される事態も起きた。そのうち彼らの実質的な拠点は、長府藩報国隊のある下関に移っていく。下関の報国隊で、花山院隊の核が形成される。

彼らが挙兵に踏み切るのは、慶応三年一二月六日の第一次富岡陣屋襲撃事件の成功による。この事件で軍資金を獲得して武器も調達し、挙兵が現実味を帯びてくる。これと前後して花山院家理も動き、周防大島に入る（一二月一〇日）。しかしこのとき、中央政局は大きく動いていた。大政奉還が行われ（一〇月一四日）、事件後には王政復古の大号令が発せられた（一二月九日）。翌年正月三日には、鳥羽・伏見の戦いがおこり、新政府軍が勝利する。下関にあった花山院隊も、この出来事に触発されて挙兵に向かう。

鳥羽・伏見の戦いの勝利後の一月一〇日、新政府は徳川慶喜以下を朝敵として追討する旨の布告を出す。これにより西日本の諸藩は、一斉に新政府になびきはじめる。すると草莽たちの利用価値は低下に転ずる。そのような中、一月一四日についに花山院隊は挙兵し、豊前四日市の幕府陣屋を襲撃した。花山院隊は御許山を占拠し、周辺の諸藩に勤王に応ずるよう檄を飛ばし、使者も送った。ここで高野山挙兵のように、周辺諸藩が勤王に傾いて恭順の意を表したならば、新たな展開となっていたであろう。しかし、そうはならなかった。周辺諸藩は、静観するばかりだった。事態はしばらく膠着した。二〇日、長州藩の奇兵隊と長府藩の報国隊が宇島に上陸した。このとき花山院隊は、はじめは援軍だと思った節がある。しかしこれは、鎮圧軍だった。また花山院を擁した児島長年ら周防大島の一団が来ると信じていたが、これも来なかった。御許山が鎮圧されたとき、花山院隊は最後まで花山院の名を呼び続けた。しかし、花山院は来なかった。

草莽たちを取り巻く状況は、すでに大きく潮目が変わっていた。草莽たちは特定の主に仕えない。幕藩体制を批判ないしは超える論理は、「尊王攘夷」だった。しかし権力を手中にしようとしている新政府からみれば、草莽という無原則な行動をしかねない人びとは、最早不安定要素以外の何ものでもなかった。そのような状況の変化を、花山院隊の面々は、おそらく知るよしもなかった。草莽たちのエネルギーと理想は、こうして幕府に代わりつつあった新たな政権（権力）に「偽官軍」としてねじ伏せられた。

花山院隊事件関係年表

年	月	日	事項
慶応三 一八六七	一〇	一四	徳川慶喜が大政を奉還する
	一二	四	馬関にいた花山院別働隊が長崎を出て天草へ向かう
		六	花山院別働隊が天草富岡陣屋襲撃（第一次）、公金八〇〇〇両余を奪う
		八	鷲尾隆聚が「高野山挙兵」の密命を岩倉から受ける（京都）
		九	王政復古の大号令
		一〇	富岡陣屋襲撃の報が日田代官所に届く。花山院家理が周防大島の覚法寺に着く
		一一	鷲尾隆聚が紀州国に入る。日田代官所が浪士襲撃へ警戒するよう触れを出す
		一二	鷲尾隆聚らが高野山で討幕の兵を挙げる（高野山挙兵）
		一六	紀州藩が鷲尾に恭順の意を伝える
		二〇	児島長年が周防大島を発って京都へ向かう
		二二	富岡陣屋を襲撃した花山院別働隊が馬関（下関）に帰着する
		二五	馬関にいた花山院隊の山本・荒金が覚法寺で花山院家理に拝謁する

慶応四 一八六八		二七	鷲尾隆聚が高野山から京都へ帰還する。児島長年が京都に着く
	一	三	鳥羽・伏見の戦い
		四	西園寺公望を山陰鎮撫総督に任命（京都）
		五	橋本実梁を東海道鎮撫総督に任命（京都）
		六	鳥羽伏見の戦いで新政府軍が勝利をおさめる。児島長年が三条実美に拝謁（京都）
		七	馬関の矢田らが花山院家理を迎えるため、周防大島へ向かう
		九	岩倉具定を東山道鎮撫総督に任命（京都）
		一〇	赤報隊が金剛輪寺で結成される（近江国）。徳川慶喜ら旧幕閣が「朝敵」とされる（京都）
		一一	長州藩の槇村正直（半九郎）が花山院家理のいる周防大島へ出張
		一二	年貢半減令が出される（京都、〜一四日頃の間）。花山院が周防大島を出て室津に着く。槇村も周防室津に着く
		一三	花山院隊の藤林六郎と小川潜蔵が報国隊に拘束される（馬関）
		一四	花山院隊が豊前四日市の幕府陣屋を襲撃する（御許山騒動）。長崎奉行が逃亡する。花山院家理が周防室積に着く
		一五	赤報隊がはじめて半減令の高札を掲げる（彦根）。長崎奉行所を土佐・薩摩両藩が占拠。花山院隊が御許山を占拠

年	月	日	事項
慶応四 一八六八	一	一六	御許山の花山院隊が米蔵を襲う。日田代官窪田治部右衛門が逃亡を決意する。槙村が室積に着く
		一七	日田代官窪田が逃亡する。森藩兵が日田に入る。室積の専行寺で槙村と花山院家理の会談が行われる
		一八	高松隊が甲府をめざして京都を発つ。御許山に錦旗が掲げられる。花山院別働隊が再び天草富岡陣屋を襲撃する
		一九	御許山の花山院隊が庄屋を召集して、幕府領が「王地」であることを宣言する。
		二〇	長州藩兵が御許山鎮圧のため宇島に上陸する。馬関で藤林と小川が斬首される。室積の普賢寺で花山院家理が拘束される
		二一	長州藩兵が豊前四日市に進駐する。薩摩藩兵が富岡に上陸する。筑前藩兵が、日田に入る
		二二	久留米藩兵と肥後藩兵が日田に入る。富岡で薩摩藩と肥後藩の会談が行われる
		二三	長州藩兵が御許山を総攻撃する。富岡の花山院別働隊が撤退する。日田で四藩（森・久留米・筑前・肥後）による会議が行われる
		二四	長州藩兵が御許山の花山院隊を完全に制圧し、首領三人を梟首する

		二五	新政府が赤報隊に帰洛命令をだす。沢宣嘉を九州鎮撫総督に任命（京都）。
			花山院別働隊が筑前松崎で御許山鎮圧の報を得る
		二七	新政府が非公式に年貢半減令を撤回する。薩摩藩兵が日田に入る。香春藩が長州藩から浮浪取り締まりの要請を受ける
		二九	花山院別働隊が香春を通過し、豊前勝山に止宿する。日田で五藩会議（薩摩・肥後・筑前・森・久留米）が行われる
	二	一	花山院別働隊二四人が香春の鍋屋に止宿する
		二	未明、香春鍋屋騒動がおこる。花山院別働隊の児玉小介が大橋で拘束される
		三	長州藩兵が豊前四日市を退去する。長州藩士野村右仲が香春に着く
		六	薩摩に送還される児玉小介が香春を出る
		九	有栖川宮が東征大総督に任命される
		一〇	新政府が高松隊を「偽勅使」として排除をはじめる。同じ頃、赤報隊も「偽官軍」とされる
		一五	九州鎮撫総督沢宣嘉が長崎に着任する
		一七	赤報隊一番隊（官軍先鋒隊嚮導隊）が壊滅する（中山道信州追分）
		一八	薩摩藩士が勤王を促すため日出藩を訪問する

年	月	日	事項
慶応四 一八六八	二	二〇	中津藩が勤王に藩論を決定する
		二一	中津藩が勤王の誓詞を薩摩藩に提出する。新政府が岡藩・森藩に日田の警護命令を出す
		二四	日出・杵築などを訪問した薩摩藩士が日田に入る
		二九	新政府が肥後藩に天草の警護命令を出す
	三	三	赤報隊の相楽総三らが処刑される（信州下諏訪）
		一三	西郷隆盛と勝海舟が会見、江戸城の無血開城が決まる
		一四	五箇条の誓文が出る
	閏四	二一	政体書が出る
		二五	日田県が設置される
	五	三	奥羽越列藩同盟が結成される
		一五	新政府軍と上野の彰義隊の戦い
	七	一七	江戸を東京に改める
明治元 一八六八	九	八	慶応を明治と改元する
		二二	会津藩が新政府軍に降伏する

明治二	一	二〇	薩摩・長州・土佐三藩による版籍奉還の上奏が行われる
	五	一八	北海道五稜郭の幕府軍（榎本ら）が降伏する（箱館）
	六	一七	版籍奉還が行われる
	七	一七	天領に県をおく
	九	二八	慶喜の謹慎が解かれる
明治三	一	三	大教宣布がだされる
	三	一三	密偵暗殺事件（宇佐）
明治四	一	九	参議広沢真臣が、暗殺される
	二	三	薩長土で御親兵が編成される
	四	四	戸籍法が制定される
	七	一四	廃藩置県が断行される

（著者作成）

あとがき

二〇二一年六月初め、筆者は大分県宇佐市安心院《あじむ》町内川野《うちかわの》にある佐田秀《さだひずる》の墓を訪ねた。安心院の地理に疎いため、何人かの地元の方に道を尋ねながら、やっとたどり着いた。佐田秀をはじめとする佐田家の墓所に着くと、一台の軽トラックが止まっていて、年配の男性が傍らに立っておられた。挨拶をして佐田秀の墓の所在をきくと、指を指しながら「あの一番上ですよ」とおっしゃった。目をやれば、説明板らしき物が立っているのが見えたので、すぐそれと分かった。早速そこまで行って、お参りをすませ、写真を撮った【写真10】。佐田秀と佐田家の墓は、玉垣で囲まれ町指定の「史跡」（安心院町が宇佐市と合併以前の昭和五七年指定）となっていた。案内板には、「（前略）慶応四年一月起こった御許山義挙の首師（ママ）で長州藩の誤解を受け惨殺された。その首級は四日市（宇佐市）にさらされたが、遺族によってこの地に埋葬された。なお左隣の墓碑は御許山義挙の同志、桑原範蔵、平野四郎、柴田直二郎の三人の墓である。安心院町教育委員会」とある。

撮影を済ませて下に降ると、さきほどの男性が声をかけて下さった。ところが驚いたことに、この方は佐田家の御子孫、佐田則昭《さだのりあき》氏であった。そして、「そこの道路を左に出て、二軒目が私の家だから、寄って行きなさい」とおっしゃるではないか。まあ、何という偶然、そしてなんという幸

【写真10】佐田秀墓（右）と同志３人の墓（左）

運だろうかと思った。図々しいとは思ったが、もちろんお邪魔した。

お話を聞けば、佐田秀没後一五〇年祭を三年前に行ったといわれる。そしてその折には、現在、春日大社の宮司を務めておられる花山院家理の御子孫もお参りされたという。御許山騒動の顕彰と佐田秀たちの供養が、面々と続いていることに驚かされた。そして現在、墓地の整備中であることも知った。しかしこの日は突然だったこともあり、また安心院町側から御許山に登るつもりであったので、じゅうぶんなお話も出来ずお暇した。

その足で、正覚寺（御許山の中腹にある寺院）近くの登山道から、御許山にはじめて登った。御許山は主に広葉樹の森で、登山道はふわふわして柔らかかった。四〇分程で、山上まで登ることが出来た。山上には、誰もいなかった。山上に大元神社【写真11】があるが、この御許山がどのような山かの説明は何もない。ここで起こった御許山騒動についても、何もない。樹齢四〇〇～五〇〇年はあろうかと思われる銀杏の老木があるが、この木は一部始終をみとどけたのだろうか、と思わせた。当時はどうだったか分からないが、今は御許山から、周防灘の海も麓の集落や街も田園も、全くみえない。御許山の山頂は、豊かな広葉樹に

【写真11】御許山山上にある大元神社

覆われている。銀杏の傍らで飲んだ、佐田さんの奥さんに頂いた飲み物が、実においしかった。

それから二週間後、筆者は質問を準備し、アポをとったうえで、再び佐田則昭氏宅を訪問した。佐田さんは八四歳（二〇二一年）で、もと宇佐市議会議長（安心院町議二期、宇佐市議三期）であった。佐田秀の佐田本家（もと内川野村庄屋）とは、七代前に別れた分家だとおっしゃる。しかし佐田本家に連なる方は、もうこの村には誰もいらっしゃらないという。だから、佐田家の墓を守っておられるのは、佐田則昭さんなのである。系図をみせて頂いた。佐田さんの曾祖父に卯七《うしち》という名があった。ここで、また驚いた。卯七さんは、御許山騒動の地元参加者のひとりで、事件後、埋葬してあった佐田秀らの首を四日市から村へ持ち帰った人である。さらにいえば、御許山に翻った「錦旗」を、長州藩兵に奪われまいと、騒動の当日、村に持ち帰った地元有志のひとりでもある。

佐田秀、平野四郎（若月隼人）、それに柴田直二郎（直次郎）の首が四日市にさらされたのは、慶応四年一月二四日のことであった。その後三人の首は、四日市の千源寺原に埋葬された。二六日夜、佐田秀の妻雪子夫人と卯七さん、それに伊作さん（内川野の佐田秀の隣人）の三人は、夜陰に紛れ千源寺原に向かった。雪が斑《まだら》に残る、寒い晩だったという。三人は首塚に埋められた首桶を掘り起こし、それぞれ背に担いで村まで持ち帰ったのである（『御許山義挙録』）。その卯七さんの曾孫と筆者は対面しているのである。

佐田さんによれば、御許山騒動の話は、母親からよく聞かされたという。佐田秀は地元では、「佐田内記兵衛《ないきびょうえ》」の名で親しまれてきたという。佐田秀は、地元では庄屋さんであり文人であり、学問の師匠であった。特に和歌に秀で、物集高世《もずめたかよ》（杵築藩の国学者、明治になって神祇官《じんぎかん》に仕えた）は、弟子の秀を「万葉以来の名人」と激賞したという。そういう人となりが、周囲の人に慕われた。だから、佐田秀が御許山に挙兵したとき、多くの縁者や村びとが佐田秀のもとに駆けつけた。御許山騒動に地元から参加した人（一七人といわれる）の中に、騒動で亡くなった人はいなかったという。また、卯七さんの話から分かるように、事件後遠くまで逃亡したとか、何年も潜伏したという形跡は、この村にはないのである。逆にいえば、事件後、それほど執拗な追及は地元ではなかったようである。

佐田秀は挙兵の前年（慶応三年）の秋、地元に一度戻ったという。その時にはすでに、挙兵を決意していたらしい。そして兵を挙げれば、命を失う事も辞さない覚悟であったという。佐田秀はまた、轟秀《とどろきひずる》とも名乗った。轟は、自宅近くの「轟の池」からとった。彼はこの池の畔に庵を建て、討幕計画を練るいっぽう、池に舟を浮かべ歌を詠んだという。筆者も佐田さんに轟の池を案内して頂いた。轟の池は、当時と同じように静謐で風情があった。そのような佐田が、挙兵が失敗し「偽官軍」「強盗」などといわれることを、本人はもちろん佐田を慕う村びとも、想像できたであろうか。

御許山は、安心院の佐田や内川野の人びとにとって、やはり「聖なる山」だったという。佐田さんが子どもの頃、御許山に登ると、御許山騒動の時に焼けた炭化米が出てくることがあったという。佐田さんは昭和一二年（一八三七）生まれだから、御許山騒動が「義挙」であったと再認識されるようになった頃の生まれである。にもかかわらず、宇佐市四日市の東本願寺別院に行くのは、気が引けたとおっしゃる。佐田家の子孫として、御許山騒動で東本願寺を焼いた責任、重荷を背負ってこられたのであろう。宇佐市議会議長の頃、宇佐市の施設の開設祝の行事で、やっとの思いで東本願寺に足を踏み入れたといわれる。ほんの数年前のことである。日本人の中には、歴史の事実を知らない、また忘れてしまった、という人がずいぶんいる。がしかし、当事者にとっては、歴史の事実は実に重いのである。筆者は、そのことを思い知らされた。

さて、一年ほどまえに「宇佐神宮の近代史」というような本を書いてみようと準備をはじめた。宇佐神宮の歴史は古い。宇佐八幡は古代九州に現れた鎮護国家の神であり、はじめて仏と習合を遂げた神である。その存在は、わが国の古代・中世においては、絶大だったといえる。宇佐八幡は、わが国を西端で守護する国家神であった。そのため、宇佐神宮に関する研究は、古代・中世に集中して蓄積されている。しかし、だからといって、近世・近代において、宇佐神宮の存在が小さかったとはいえない。とくに近代においては、対外戦争のたびに、宇佐神宮で戦勝と武運長久の祈りが捧げられてきた。宇佐の神は、何より「戦いの神」だからである。かつて多くの武士が、「八幡大菩薩」の幟を掲げて戦場に現れた。しかし、宇佐神宮の近代を扱う研究や文献は、決して多いとはいえない。そこで「宇佐神宮の近代史」の手はじめとして、「御許山騒動再検討」の作業に入ったのであった。

本文でも述べたが、御許山騒動は、大分県の近代史の冒頭に位置づけられることが多い。筆者も他の書物で、御許山騒動について書いてきたことがある。しかしその到達点は、昭和五九年（一九八四）に刊行された『大分県史近代篇Ⅰ』であり、それ以降およそ四〇年間、本格的な研究はほとんどみられない。しかし、御許山騒動を含めた「花山院隊事件」として研究を進めると、その事件の広がりと事件の持つ本質に驚かされた。単に「偽官軍」事件として片付けられるものではないことに気づきはじめた。さらには、これまであまり使用されてこなかった史料も、いくつか見つかった。こうして、花山院隊事件に特化した書物が書けるという確信にたどりついた。

平成三〇年（二〇一八）は、「明治維新一五〇年」として、国や都道府県はじめ、様々な自治体で記念事業が催された。特に明治維新を牽引した、「薩長土肥」でのイベント開催が目立ったような気がする。しかしいっぽうで、このような薩摩・長州中心の明治維新史観、日本近代史観に疑問を呈する書物も、多数公刊された記憶がある。筆者自身も、同年に『西南戦争 民衆の記』（弦書房）を上梓した。それはNHKの大河ドラマ「西郷《せご》どん」で描かれるであろう西南戦争観ではない、「戦争の本質」を問うためのものであった。その成否は置くとして、拙著もまた花山院隊事件を切り口に、明治維新という「歴史のもつ本質」を垣間見るための作業であったといえる。そして、いわば明治維新の「敗者」となって、歴史から消された「草莽」たちに光をあてたかった。

さて、拙著が成るにあたって、日出町歴史資料館の平井義人館長には、実に様々なご助言を頂いた。平井氏自身も、御許山騒動の再検討作業を行われており、その成果を惜しみなくご教示頂いた。また、何度も相談にのって頂いた。一時は共同執筆の構想もあったが、今回は筆者のみの執筆となった。また恩師の猪飼隆明先生（大阪大学名誉教授）には、肥後藩の密偵の史料である「天草方面探索方聞取書」（九州大学附属図書館所蔵）の写しをご提供頂いた。また先生の近著、「王政復古クーデターへの政治過程」（『熊本史学』一〇一号、二〇二〇年）は、明治維新に関する最新研究であり拙著と時期も重なることもあって、実に多くのことを学ばせて頂いた。さらには、佐田家の御子孫である佐田則昭氏には、二度にわたりご自宅に招いて頂いて、お話を聞かせていただいた。現地で御子孫の方にお話を聞く機会などなかなかあることではないし、執筆するうえでこの上ない刺激となった。ここで諸氏に改めて感謝したい。

最後に、今回も出版を後押しして頂いた、弦書房の小野静男氏に感謝申し上げる。

二〇二一年夏

長野浩典

《主要参考文献》

小野精一『御許山義挙録』私家版、昭和一四年
松田唯雄『天草富岡懐古録』私家版、昭和八年
高木俊輔『明治維新草莽運動史』勁草書房、一九七四年
『大分県史（近代篇Ⅰ）』大分県、一九八四年
豊田寛三ほか『大分県の百年』山川出版社、一九八六年
大久保利謙「明治新政権下の九州」『九州と明治維新（Ⅱ）』国書刊行会、昭和六〇年
『大分歴史事典』株式会社大分放送、平成二年
下川勝三郎「勤王家青木猛比古先生」『大分県地方史』四七号、昭和四二年
高木俊輔「北九州草莽隊花山院隊の研究」『九州と明治維新（Ⅱ）』国書刊行会、昭和六〇年
『復古記第八冊』内外書籍株式会社、昭和八年
『幕末維新大人名事典』新人物往来社、二〇一〇年
日本歴史学会編『明治維新人物辞典』吉川弘文館、一九八一年
『朝日日本歴史人物事典』朝日新聞社、一九九四年
秋山英一『近代日本の夜明け　伊予勤王史』近代日本の夜明け刊行会、昭和四三年
中野幡能『柳ヶ浦町史』柳ヶ浦町史刊行会、一九七〇
『宇佐神宮史　史料篇巻十五』宇佐神宮庁、平成十九年
『天草方面探索方聞取書』九州大学附属図書館所蔵史料
『山口県史（通史編幕末維新）』山口県、令和元年
『宇佐市史（中巻）』宇佐市史刊行会、昭和五二年
『別府市誌』別府市、二〇〇三年
入江秀利「御許山に錦旗が立った」『別府史談（一一号）』別府史談会、一九九七年
佐藤節「明治維新と大分県」『別府史談（第五号）』別府史談会、一九九一年
後藤重巳「東九州地域の歴史地理性と幕藩体制」『別府大学紀要』二四号、一九八三年
『鹿児島県史料　玉里島津家史料五』鹿児島県、平成八年
『杵築市誌本編』杵築市誌編集員会、平成一七年
『杵築市誌資料編』杵築市誌編集員会、平成一七年
広瀬恒太『日田御役所から日田県へ』私家版、昭和四四年
『山香近代史』山香町教育委員会、昭和三四年
『日出町誌本編』日出町役場、昭和六十一年
原田種純『物語中津藩の歴史（下巻）』歴史図書社、昭和五四年
『扇城遺聞』中津小幡記念図書館、昭和七年
狭間久『二豊小藩物語上巻』大分合同新聞社、昭和五十年
『中津市史』中津市役所、一九六五年
『院内町誌』院内町誌刊行会、昭和五八年
樋口雄彦『幕末の農兵』現代書館、二〇一七年

『五和町史』五和町史編纂委員会、二〇〇二年
『復古記第一冊』内外書籍株式会社、昭和五年
『鹿児島県史料　忠義公史料第四巻』鹿児島県、昭和五二年
『新編大村市史　第三巻近世編』大村市史編さん委員会、二〇一五年
平尾道雄『坂本竜馬　海援隊始末記』中央文庫、二〇〇九年
『改訂肥後藩国事史料　巻七』国書刊行会、一九七四年
『改訂肥後藩国事史料　巻八』国書刊行会、一九七四年
『鹿児島県史料　忠義公史料第五巻』鹿児島県、昭和五三年
『香春町史』香春町編纂委員会、二〇〇一年
鹿毛豊「香春、鍋屋騒動の真相は小笠原藩記録（浮浪召捕之記）に依り明らかになる」『郷土史誌かわら（第一集）』、昭和四九年
大植四郎『明治過去帳〈物故人名辞典〉』東京美術、平成三年
入江秀利「長三洲をめぐる人々」『別府史談（二三号）』別府史談会、二〇一〇年
米津三郎『小倉藩余滴』海鳥社、一九九五年
井上勝生「志士と庶民―長州藩諸隊と招魂場―」『岩波講座日本通史　第一六巻・近代一』岩波書店、一九九四年
徳見光三『長府藩報国隊史』長門地方史料研究所、昭和四一年
『山口県史　史料編　幕末維新6』山口県、平成一三年
高木俊輔「赤報隊は偽官軍だったのか」『日本近代史の虚像と実像1』一九九〇年、大月書店
井上勲編『日記に読む近代日本1　幕末・明治前期』吉川弘文館、二〇一二年
布引敏雄『槙村正直　その長州藩時代』文理閣、二〇一一年
末松謙澄『防長回天史』柏書房、一九八〇年
佐藤節「明治三年・密偵暗殺事件について」『大分県地方史（一〇七号）』昭和五七年
長野浩典『西南戦争　民衆の記』弦書房、二〇一八年
『別府市誌』別府市教育会、昭和八年
平野道雄『中岡慎太郎　陸援隊始末記』中公文庫、二〇一〇年
『詳説日本史改訂版』山川出版社、二〇一九年
佐々木克「赤報隊の結成と年貢半減令」『人文学報（七三号）』一九九四年
富来隆『大分県の歴史（8）自由民権の波』大分合同新聞社、昭和五三年
岩田英一郎『中津自由民権運動史』私家版、昭和四七年
入江秀利『明治維新史料　天領の明治維新上』一九九四年
入江秀利『明治維新史料　天領の明治維新弐輯』一九九七年
立川輝信「河上彦斎　一名高田源兵衛と鶴崎」『大分県地方史（四三・四四号）』昭和四二年
高木俊輔『明治維新の再発掘　相楽総三と埋もれた草莽た

ち』ＮＨＫブックス、昭和四五年
宮地正人『幕末維新変革史』岩波書店、二〇一二年
原田種純『筑豊物語　ふるさとの明治維新』ふるさと文献刊行会、平成八年
刑部芳則『公家たちの幕末維新　ペリー来航から家族誕生へ』中公新書、二〇一八年
『耶馬渓町史』耶馬渓町教育委員会、昭和五〇年
『本耶馬渓町史』本耶馬渓町史刊行会、昭和六二年
『豊後高田市史』豊後高田市、平成一〇年
『日田市史』日田市、平成二年
『大分県史要』大分県教育会、昭和一六年
『安心院町誌』安心院町誌編集委員会、昭和四五年

〔著者略歴〕

長野浩典（ながの・ひろのり）
一九六〇（昭和三五）年、熊本県南阿蘇村生まれ。
一九八六（昭和六一）年、熊本大学大学院文学研究科史学専攻修了（日本近現代史）。
現在　歴史著述家・元大分東明高等学校教諭
主要著書　『街道の日本史　五十二　国東・日田と豊前道』（吉川弘文館）
『熊本大学日本史研究室からの洞察』（熊本出版文化会館）
『緒方町誌』『長陽村史』『竹田市誌』（以上共著）
『大分県先哲叢書　堀悌吉（普及版）』（大分県立先哲史料館）
『ある村の幕末・明治――「長野内匠日記」でたどる75年』『生類供養と日本人』『放浪・廻遊民と日本の近代』『西南戦争民衆の記――大義と破壊』『川の中の美しい島・輪中――熊本藩豊後鶴崎藩からみた世界』『感染症と日本人』（以上弦書房）

花山院《かさのいん》隊「偽官軍」事件
――戊辰《ぼしん》戦争下の封印された真相

二〇二一年一〇月三〇日発行

著　者　長野浩典《ながのひろのり》
発行者　小野静男
発行所　株式会社　弦書房
（〒810・0041）
福岡市中央区大名二―二―四三
ELK大名ビル三〇一
電　話　〇九二・七二六・九八八五
FAX　〇九二・七二六・九八八六

組版・製作　合同会社キヅキブックス
印刷・製本　シナノ書籍印刷株式会社

落丁・乱丁の本はお取り替えします。

ISBN978-4-86329-236-9　C0021

◆弦書房の本

西南戦争 民衆の記 大義と破壊

長野浩典 西南戦争とは何だったのかを民衆側、惨禍を被った戦場の人々からの視点で徹底して描き問い直す。戦場のリアルを克明に描くことで、「戦争」の本質（憎悪、狂気、人的・物的な多大なる損失）を改めてうったえかける。〈四六判・288頁〉**【2刷】** 2200円

川の中の美しい島・輪中
熊本藩豊後鶴崎からみた世界

長野浩典 熊本藩の飛び地・豊後鶴崎。大野川の河口に位置し、堤防で囲まれた川の中の小島＝輪中で生きる人々の特異な生活形態を克明に踏査した労作。洪水被害、キリスト教布教の拠点、刀鍛冶集団など独特な地域に光をあてる。〈四六判・232頁〉 2000円

ある村の幕末・明治
「長野内匠日記」でたどる75年

長野浩典 文明の風は娑婆を滅ぼす――村の現実を克明に記した膨大な日記から見えてくる《近代》の意味。幕末期から明治初期へ時代が大きく変転していく中で、小さな村の人々は西洋からの「近代化」の波をどのように受けとめたか。〈A5判・320頁〉 2400円

維新の残り火 近代の原風景

山城滋 〈明治維新〉という歴史の現場を歩き、今と過去をつなげる「残り火」に目を凝らした出色の維新史ルポ。歴史の現場には維新の大火の跡が確かに残っていた。勝者のつまずきや敗者の無念は、現代社会の中に生かされているのだろうか。〈四六判・240頁〉 1800円

江戸という幻景

渡辺京二 人びとが残した記録・日記・紀行文の精査から浮かび上がるのびやかな江戸人の心性。近代への内省を促す幻景がここにある。西洋人の見聞録を基に江戸の日本を再現した『逝きし世の面影』著者の評論集。〈四六判・264頁〉**【8刷】** 2400円

＊表示価格は税別